# Das Einzugsgebiet der City von Schaffhausen

## Ein Beitrag zur geographischen Stadt-Umlandforschung

INAUGURAL-DISSERTATION

zur Erlangung der philosophischen Doktorwürde
vorgelegt der Philosophischen Fakultät II der
Universität Zürich

von

MAX GERBER
aus Langnau i.E. (Kt. Bern)

Begutachtet von Herrn
Prof. Dr. Hans Boesch

Juris Druck + Verlag Zürich
1976

ISBN 3 260 04089 7

## Vorwort

Die vorliegende Dissertation entstand in den Jahren 1971 - 75 auf Anregung
und unter der Leitung meines Lehrers, Herrn Prof. Dr. H. Boesch. Die meiner
Dissertation zu Grunde liegenden Feldarbeiten erfolgten in den Jahren 1972
und 1973. Durch den Stellenantritt an der Kantonsschule Wattwil (1973) wurde
der Abschluss der Dissertation leider etwas verzögert.

Das Zustandekommen der Dissertation wurde mir von verschiedener Seite erleich-
tert. Danken möchte ich vor allem Herrn Prof. Dr. H. Boesch für seine wert-
vollen Anregungen und für sein Interesse an meiner Arbeit. Recht fruchtbar
waren auch meine Kontakte zum Schaffhauser Stadtplanungsamt (Herr Müller).
Zu Dank bin ich auch Herrn H. Kobelt vom Schweiz. Institut für Aussenwirt-
schafts- und Marktforschung an der Hochschule St. Gallen dafür verpflichtet,
dass er mir freundlicherweise die Lochkarten einer im Raum Schaffhausen durchgeführten Interview - Untersuchung zur Verfügung stellte. Recht hilfsbereit
waren auch die von mir konsultierten deutschen Stellen. Im Zusammenhang mit
der Ausarbeitung des math. Modells lieferten mir Herr H. Dreyer, Physiker,
Ebnat - Kappel, und Herr Dr. G. Wulff, Physiker, Trübbach wertvolle Ratschläge.
Danken möchte ich auch Herrn Dr. K. Wenger, Lichtensteig, und meinem Vater
für die Durchsicht des Manuskriptes. Der wohl grösste Dank aber gebührt meiner
Frau für Ihre Mithilfe bei den zeitlich sehr aufwendigen Auszählarbeiten im
statistischen Teil der Dissertation.

Wattwil, im Juli 1975                                    Max Gerber

Inhaltsverzeichnis                                                  Seite

Figuren- und Tabellenverzeichnis

## 1. Problemstellung

Meine Arbeit verfolgt drei Ziele:

### 1.1. Erkenntnisse über das Umland von Schaffhausen

Es sollen Aussagen über die Intensität der zentralörtlichen Beziehungen zwischen der City von Schaffhausen und den Umlandsgemeinden (resp. Nahbereichsquartieren) gemacht werden können. Dabei interessieren insbesondere die Veränderungen der Beziehungsintensität im Tages- und im Wochenablauf. Das Umland von Schaffhausen soll zudem abgegrenzt werden können.

### 1.2. Neue Methode zur Umlandserfassung

Zur Erreichung des unter 1.1. genannten Ziels soll eine neue Methode der Umlandserfassung entwickelt und auf ihre Tauglichkeit hin geprüft werden.

### 1.3. Modellbildung

Es soll geprüft werden, ob sich die Ergebnisse (Intensität der zentralörtlichen Beziehungen zwischen City von Schaffhausen und Umlandsgemeinden) zu einem mathematischen Modell abstrahieren lassen.

## 2. Das Einzugsgebiet der City von Schaffhausen

### 2.1. Umlandforschung - Theorie

#### 2.1.1. Geschichte der Umlandforschung

Bereits zu Beginn dieses Jahrhunderts erkannte R. Gradmann, dass eine Stadt im Hauptberuf Mittelpunkt ihrer Umgebung ist[1]. Bobek spricht (1927) von der Stadt als allseitigem Verkehrsmittelpunkt eines unscharf begrenzten Gebietes [1]. Weitere Fortschritte machte die Stadt/Umlandforschung, als Christaller 1933 [2] das Prinzip der Interferenz benachbarter Einflusssphären und die Ranghierarchie

---

1 Zitiert in Klöpper 1957, S.11.
2 Christaller 1933.

der Städte im System der zentralen Orte entwickelte. In der Nachkriegszeit haben sich Geographen wie Boustedt, Carol, Dickinson, Klöpper, Tuominen und andere um die Stadt/Umlandforschung verdient gemacht[1].

## 2.1.2. Begriffe der Stadt/Umlandforschung

### Zentrale Orte

Eine verstreut lebende Bevölkerung bedarf gewisser Güter und Dienste, die nur an einigen Orten (den zentralen Orten) angeboten werden können[2,3].

### City

Im Falle Schaffhausens konzentrieren sich die zentralörtlichen Dienste in der Altstadt, die wir also hier mit City (= Sitz der zentralörtlichen Dienste)[4] gleichsetzen dürfen. In der City vergesellschaften sich zentrale Dienste verschiedener Stufen und Reichweiten, wobei allerdings die obern Stufen und die grösseren Reichweiten dominieren.

### Reichweite

Zentrale Dienste haben eine bestimmte Reichweite, d.h. sie versorgen je nach Art der Dienste ein kleineres oder grösseres Einzugsgebiet. Oft wird auch noch zwischen innerer und äusserer Reichweite unterschieden[5].

### Zentralörtliche Beziehungen

Zentralörtliche Beziehungen (oder Funktionen[6]) umfassen sowohl rein oekonomische Leistungen wie auch kulturelle, soziale und administrative Belange[7].

---

1 Literaturhinweise zur Stadt/Umlandforschung finden sich z.Bsp. bei Klöpper 1956 und 1957 oder in den Dissertationen von Jenny (1969) und Lindauer (1970).
2 Vergleiche Klöpper 1957, S. 10.
3 Weiterführende Literatur zu diesem Punkt findet sich beispielsweise in Suter 1969, S. 6 ff..
4 Eine ausführliche Bearbeitung des Themas "City" findet sich in Kant 1960, S. 329. Vergleiche auch Hofmeister 1969, S. 87 ff..
5 Vergleiche dazu Suter 1969, S. 6 ff..
6 Vergleiche Hofmeister 1969, S. 49 ff. und Boesch 1966, S. 151 ff..
7 Vergleiche Klöpper 1957, S.10.

## Zentralörtliche Beziehungen - Umland

Die zentralörtlichen (=zentralen) Beziehungen schaffen den Zusammenhang zwischen der mit zentralen Diensten ausgestatteten City und ihrem Umland (=Ergänzungsgebiet[1]). City (zentraler Ort) und Umland (Ergänzungsgebiet) bilden zusammen ein zentralörtliches Funktional[1] (Funktionseinheit). In jüngerer Zeit wird dafür (vor allem in der Landesplanung) der Begriff funktionale Region verwendet[2].

## Umlandszonen

Oft wird das Umland nach der Intensität und Art der Beziehungen zum zentralen Ort in einzelne Zonen aufgeteilt[3].

## Form des Umlandes

Das Umland ist meist etwa kreisförmig abgegrenzt und auf ein Zentrum ausgerichtet (im Ausnahmefall elliptische Form und Ausrichtung auf zwei Zentren[4]). Im Einzelfall ergeben sich jedoch durch Lokalfaktoren wie Topographie, Grenzlage usw. zahllose Variationen. In Zukunft kann die Form der Umlandsgebiete möglicherweise auch durch landesplanerische Leitbilder mitbestimmt werden[5].

## Aenderungen der Stadt/Umlandbeziehungen

Stadt/Umland - Beziehungen sind Veränderungen unterworfen. Die Intensität der Beziehungen wie auch die Ausdehnung des Umlandes können sich verändern[6]. Zudem sind die Stadt/Land- Beziehungen gewachsen auf der Grundlage einer agrarwirtschaftlich orientierten Umgebung. In industriellen Conurbationen gelten andere funktionale Verflechtungsmuster[7]. Auch Aenderungen im Gesellschaftssystem können das zentralörtliche Gefüge verändern[8].

---

1 Vergleiche Suter 1969.
2 Manchmal wird der Begriff der funktionalen Region auch enger definiert und umfasst dann nur die Stadt und jenen Teil des Umlandes, in dem sich Planungsmassnahmen aufdrängen. Vergleiche zum Regionsbegriff Eichenberger 68, S.22, Bosshart 68, S. 198, Atteslander 69, S.94 und Oesterle 1970, S.30.
3 Siehe beispielsweise bei Annaheim 1963, S.100 oder bei Eichenberger 1968.
4 Vergleiche Boustedt 1960, S.214.
5 Lauritzen 1969, S. 104/105.
6 Vogel 1969, S.58.
7 Vergleiche Spiegel 1967.
8 Vergleiche Neef 1960, S. 232/33.

## 2.1.3. Bisher verwendete Kriterien zur Untersuchung der Stadt/Umland - Beziehungen

### 2.1.3.1. Demographische und soziale Kriterien

Umlandszonen können mit Hilfe von demographischen oder sozialen Kriterien erkannt und ausgeschieden werden. Verwendet wurde etwa der Prozentsatz der Abwanderer (Abwanderung von ländlichen Umlandsgemeinden in die Stadt)[1]. Auch Veränderungen der Volksdichte können als Kriterien zur Umlandszonierung herangezogen werden[2]. Der Durchmischungsgrad der Konfessionen wurde von Eichenberger als demographisches Kriterium benutzt[3]. Lindauer[4] benutzte unter anderem die Berufsstruktur als Zonierungsmerkmal.

Eine Gliederung des Umlandes kann auch mit vorwiegend sozialen oder soziologischen Kriterien erfolgen: Geisteshaltung[5], Familienstruktur[6] und Besitzansprüche[7] sind anders in städtischen als in ländlichen Verhältnissen.

### 2.1.3.2. Formale Kriterien

Das bauliche Gepräge einer Siedlung kann als Kriterium für die Zuordnung zu bestimmten Umlandszonen benutzt werden[8]. Auch das Ausmass des Baus von Eigenheimen[9] (für in der Stadt Tätige) in einzelnen Umlandsgemeinden und der Verkaufspreis der Bodenparzellen[10] wurden schon als Kriterien für die Umlandszonierung benutzt.

Die unter 2.1.3.1. und 2.1.3.2. genannten Kriterien dienten in erster Linie für eine Gliederung des Umlandes in einzelne Zonen und weniger für eine Abgrenzung des Umlandes.

---

1 Vergleiche Annaheim 1950, S. 109 und Diss. Eichenberger 1968.
2 Vergleiche Eichenberger 1968, S.29 und Lindauer 1970, S.31.
3 Eichenberger 1968, S.95.
4 Vergleiche Lindauer 1970, S.46 und S.184 ff..
5 Vergleiche Lindauer 1970, S.26, Städeli 1969, S.13 und Beck 1952.
6 Vergleiche Netzer 1966, S.24.
7 Vergleiche Lindauer 1970, S.36 ff. und Schrader 1966.
8 Vergleiche Lindauer 1970, S.13.
9 Vergleiche Hofmeister 1969, S.123.
10 Vergleiche Christaller 1933, S.259.

## 2.1.3.3. Funktionale Kriterien

Im Gegensatz zu den oben erwähnten Kriterien können die funktionalen Kriterien nicht nur zur Gliederung des Umlandes, sondern auch zu dessen Abgrenzung benutzt werden.

### Versorgung der Stadt vom Umland aus

Als Kriterien wurden benutzt:
. Milcheinzugsgebiet[1]
. Gemüse- und Obsteinzugsgebiet[2]
. Herkunft der Marktfahrer[3]

Diese Kriterien verlieren allerdings bei den heutigen Transportmöglichkeiten und bei den modernen Verpackungs- und Konservierungsmethoden immer mehr an Aussagekraft[4].

### Zustellungsbereiche (von der Stadt aus)

Hier wurden folgende Kriterien für Umlandsuntersuchungen herangezogen:
. Verbreitung von Lokalzeitungen[5]
. Belieferung der Gaststätten mit Bier[6]
. Cammionage- und Taxibereiche[7]
. Versorgung der Umlandsgemeinden mit Gas, Wasser und Elektrizität[8]
. Postzustellung[9]

### Inanspruchnahme zentraler Dienste

Sehr oft wurde in den diesbezüglichen Untersuchungen auch die Inanspruchnahme öffentlicher und privater zentraler Dienste untersucht:

---

1 Annaheim 1950 und Früh 1950, Fig.2.
2 Wirth 1918, S.123; Kälin 1969 und Früh 1950, Fig.2. Vergleiche auch Hofmeister
3 Früh 1950, Fig.2 . Vergl. Hofmeister 1969, S.123.          1969, S.123.
4 Siehe Hofmeister 1969, S.122.
5 Vergleiche Hofmeister 1969, S.123.
6 Früh 1950, Fig.2.
7 Kälin 1969. Vergleiche Hofmeister S.123.
8 Jenny 1969, S.130.
9 Braun 1969, S.130.

## Oeffentliche zentrale Dienste

Als Beispiele für mögliche Kriterien seien genannt:

. Theaterbesuch[1]

. Schulbesuch[2]

. Spitaleinzugsgebiet[3]

## Private zentrale Dienste

Am wichtigsten sind hier Untersuchungen über das Einzugsgebiet von Läden und Dienstleistungsbetrieben verschiedenster Art[4].

## Verflechtung des Arbeitsmarktes (Pendelwanderung)

Das wohl am häufigsten benutzte funktionale Kriterium zur Umlandszonierung und Umlandsabgrenzung ist die Pendelwanderung[5]. Als Gründe für die relative Beliebtheit dieses Kriteriums können die gute Greifbarkeit der statistischen Daten und die durch zahllose Untersuchungen erhärtete Korrelation[6] mit andern Stadt/Umland - Beziehungen (z.Bsp. dem Einkauf) genannt werden.

## Verkehrsvolumen

Die zentralörtlichen Stadt/Umland-Beziehungen sind mit Verkehr verbunden. Auch dieser kann als Kriterium für Stadt/Umlandsuntersuchungen herangezogen werden Als Beispiele seien Verkehrsdichtemessungen[7] und das Auszählen von Bahnabonnementen[8] genannt.

## 2.1.4. Wertung der bisher verwendeten Kriterien

Ohne den Wert der unter 2.1.3. genannten Kriterien schmälern zu wollen, muss doch gesagt werden, dass sich mit ihnen die Beziehungsintensität zwischen Umland und Stadt oft nur qualitativ (mit Hilfe von Indizien) messen lässt. Zudem ist es meist nicht möglich, Veränderungen der Beziehungsintensität im Tages- oder Wochenablauf aufzuzeigen. Mit meiner Untersuchung soll versucht werden, hier eine Lücke zu schliessen.

1 Siehe Kulturpendler in Lindauer 1970, S.123, vergleiche auch Hofmeister 1969,
2 Siehe Kälin 1969, S.118 ff., Fehre 1968, S. 31, Hofmeister 1969 . S.123 .
3 Siehe Kälin 1969, S.118 ff. .
4 Kälin 1969, S.127 ff.; Jenny 1969, S.80;Gerber 1970, S.174 .
5 Wirth 1918, S.123, Kälin 1969, S.162, Annaheim 1950, Elsasser 1969, S.8 .
6 Boustedt 1960, S.213 ff. .
7 Jenny 1969, S.20. Hier finden sich auch Angaben über weiterführende Lit. .
8 Beispielsweise in Früh 1950, S.42 .

## 2.2. Bestimmung der Intensität der zentralörtlichen Beziehungen City - Umland mit Hilfe einer Autonummernanalyse am Beispiel von Schaffhausen

### 2.2.1. Das Grundprinzip meiner Methode

Mit meiner Methode soll versucht werden, die Zahl der Personen zu eruieren, die aus einem bestimmten Quartier des Nahbereichs (Def. s. S. 36) oder aus einer Gemeinde des Umlandes in einem bestimmten Zeitintervall (Tageszeit, Wochentag, ganze Woche) in der City weilten, um Dienstleistungen aller Art und Stufen in Anspruch zu nehmen.

Ausgangspunkt für meine Berechnungen sind jene Citybesucher, die das Zentrum von Schaffhausen mit dem Auto besuchen. Sie wurden mittels einer Autonummern-registrierung (im Zentrum parkierte Autos) erfasst und mit Hilfe von Auto-nummernverzeichnissen ihr Wohnort ermittelt.

Durch Beziehung der Besucherzahlen aus einer Umlandsgemeinde (resp. Zählein-heit) auf 100 Einwohner dieser Gemeinde wird ein Mass geschaffen, das die Intensität der zentralörtlichen sozioökonomischen Beziehungen zwischen City und der entsprechenden Zähleinheit wiedergibt (die sogenannte Beziehungsin-tensität = BI).

### 2.2.2. Anwendbarkeit der Methode

Die Methode, mit Hilfe der im Zentrum parkierten Autos die Citybesucherzahl zu ermitteln, ist nur anwendbar, wenn bestimmte Voraussetzungen erfüllt sind:

. Es muss entschieden werden können, ob es sich bei den im Zentrum parkierten Autos tatsächlich um solche von Citybesuchern und nicht etwa um solche von Berufstätigen (mit Arbeitsort City) oder um Autos von in der City Wohnhaften handelt.

. Die Verteilung der Citybesucher auf die einzelnen Verkehrsträger (Auto / öffentliche Verkehrsmittel / zu Fuss), eine Verteilung, die in verschiedenen Abständen zur City anders ist, muss bekannt sein oder ermittelt werden können.

. Die City darf eine bestimmte Grösse nicht überschreiten, da sonst die Methode wegen des Arbeitsaufwandes nicht durchführbar ist.

. In der Zeit der Autonummernregistrierung dürfen keine saisonal, durch das Wetter oder durch grössere Anlässe bedingte Abnormitäten vorkommen (wie etwa der sommerliche Tourismus, der vorweihnächtliche Einkauf, Feste etc.)

Wie im Kapitel 2.2.5. gezeigt werden soll, sind diese Voraussetzungen in Schaffhausen erfüllt.

## 2.2.3. Bisherige Anwendung von Autonummernanalysen

Im Rahmen meiner Diplomarbeit führte ich (allerdings in sehr bescheidenem Umfang) bereits schon Auotnummernregistrierungen in Neuhausen und Schaffhausen durch[1]. Auch Einkaufszentren versuchten schon, ihr Einzugsgebiet mit Hilfe von Autonummernanalysen zu ermitteln. So führte das Shopping Center Spreitenbach im letzten Jahr entsprechende Untersuchungen durch[2]. Allerdings wurden die Autos nur nach Herkunftskantonen klassiert. Im Seedamm - Center (Pfäffikon SZ) ist nach Festigung des Einzugsgebietes eine ähnliche Erhebung geplant[3]. Für Stadtzentren, wo die Erhebungen wesentlich komplizierter sind, liessen sich keine meiner Untersuchung vergleichbaren Analysen finden.

## 2.2.4. Technische Durchführung der Hauptuntersuchung

Die Erfassung derjenigen Citybesucher, die das Zentrum mit dem Auto besuchten, geschah wie folgt:

1. Alle zwei Stunden besuchte ich die Cityparkplätze und registrierte die Nummern der parkierten Autos. Um die Erfassung aller ca. 1000 Cityparkplätze[4] zu gewährleisten, wurden die Autonummern auf das Band eines Kassettenrecorders gesprochen. Die Bandaufnahmen konnten so zu Hause in Ruhe ausgewertet werden.

---

1 Gerber 1970, S. 170.
2 Walther 1974.
3 Mündliche Auskunft im Seedamm Center, Verwaltung .
4 Genaue Zahl der in die Erhebung einbezogenen Cityparkplätze: 967.

2. Diese zwei Stunden dauernden und im Abstand von zwei Stunden erfolgenden
   Registrier - Rundgänge (10 Rundgänge pro Tag[1]) wurden an einem normalen
   Wochentag (Donnerstag, 23.11.72) und an einem Samstag (11.11.72) durchgeführt und dabei 10'600 Autos erfasst. Inklusive der Wochenregistrierungen
   (siehe Kap. 2.2.7.) und verschiedener Zusatzuntersuchungen (Kap.2.2.5.2.)
   basiert meine Untersuchung auf ca. 26 000 registrierten Autos.[2]

3. Zu Hause wurde mit Hilfe der im Buchhandel erhältlichen Autonummernverzeichnisse der Wohnort der Besitzer der 26 000 Autos eruiert.

4. Von diesen Resultaten bis zur Ermittlung der Citybesucherzahlen, die
   in einem bestimmten Zeitintervall (Tageszeit, Wochentag etc.) aus einer
   Umlandsgemeinde oder einem Nahbereichsquartier das Zentrum von Schaffhausen aufsuchen, ist allerdings noch ein weiter Weg. Zahlreiche Fragen
   mussten zuerst mit Hilfe von Zusatzuntersuchungen geklärt werden. Diese
   Fragen und die dazugehörenden Zusatzuntersuchungen werden nachfolgend vorerst listenhaft aufgeführt und danach eingehend besprochen. Ein Teil der
   Zusatzuntersuchungen wurde vor,ein Teil nach der Hauptuntersuchung durchgeführt (also entweder im Herbst 1972 oder im Frühling 1973).

## 2.2.5. Durch Zusatzuntersuchungen zu klärende Fragen

1. Wann (in welcher Jahreszeit) ist der ideale Termin für die Autonummernregistrierungen ?

2. Welches sind die Kriterien für die Auswahl der Parkplätze, die in der Autonummernregistrierung berücksichtigt werden (welche Parkplätze kommen für
   einen Citybesucher in Frage?)?

3. Wie kann verhindert werden, dass Autos von Pendlern (mit Arbeitsort City)
   in meine Erhebungen kommen und damit die Ergebnisse verfälschen ?

1 Rundgang 1 (R 1) 6.30-8.30     Rundgang 6 (R 6) 16.30-18.30
  Rundgang 2 (R 2) 8.30-10.30    Rundgang 7 (R 7) 18.30-20.30
  Rundgang 3 (R 3) 10.30-12.30   Rundgang 8 (R 8) 20.30-22.30
  Rundgang 4 (R 4) 12.30-14.30   Rundgang 9 (R 9) 22.30-00.30
  Rundgang 5 (R 5) 14.30-16.30   Rundgang 10(R10) 00.30-02.30
2 13'230 Autos registriert im Zusammenhang mit den Wochenanalysen (Kap.2.2.7.).

4. Wie eliminiere ich Autos von in der City wohnhaften Personen aus meiner Erhebung (auch sie würden störend wirken in Bezug auf die Fragestellung meiner Arbeit)?

5. Mit wievielen Personen ist ein Auto im Durchschnitt belegt? Aendert sich dieser Belegungswert a. mit der Tageszeit?
   b. von Wochentag zu Wochentag?
   c. von Parkplatz zu Parkplatz (Citymitte, Cityperipherie)?

6. Wie hoch ist der Anteil jener motorisierten Citybesucher, die ich trotz Durchführung von täglich zehn Registrierungsrundgängen nicht erfasse (ein Teil derjenigen, die weniger als zwei Stunden parkieren, wird von meiner Registrierung nicht erfasst)?

7. Wie hoch ist der Anteil jener, die ich auf nacheinanderfolgenden Runden doppelt und mehrfach zähle, obwohl es sich nur um einen Besuch handelt ?

8. Wie gross ist der Anteil der Auto - Citybesucher am Gesamttotal der Citybesucher? Aendert sich dieser Anteil a. nach Abstand der Herkunftsorte vom Zentrum?
   b. nach Güte der öffentlichen Verkehrsmittel zwischen Herkunftsort und City?
   c. nach Tageszeit und Wochentag?

1.-8. sind die Grundprobleme, die ich in den nächsten Abschnitten behandeln werde. Fragen zweiter Ordnung, die nicht in obiger Liste aufgeführt sind, werden ebenfalls bei der nachfolgenden Detailerörterung der Fragen 1.-8. zur Sprache kommen.

## 2.2.5.1. Die Wahl der Untersuchungszeit (Herbst 1972)

Als Zeitpunkt für die Durchführung meiner Registrierungen wählte ich den Herbst, und zwar aus folgenden Gründen:

1. Die Resultate werden im Herbst weder durch den sommerlichen Tourismus noch durch den vorweihnächtlichen Einkauf verfälscht.

2. Langfristig stabile Wetterlagen sind typisch für den Herbst. Witterungs-bedingte Abweichungen der normalen Citybesucherwerte im Tages- oder Wochen-ablauf konnten so vermieden werden.

3. Der Zeitpunkt meiner Erhebungen (Herbst 1972) fiel zeitlich mit einer Untersuchung der Hochschule St. Gallen im Raum Schaffhausen zusammen. Dank dieser Untersuchung[1] konnte ich den Anteil der motorisierten City-besucher am Gesamttotal der Besucher ermitteln[2].

4. Das Schaffhauser Autonummernverzeichnis erscheint jeweils im November. Ich hatte deshalb (mindestens für den Kt. Schaffhausen) ein auf den aktuellsten Stand gebrachtes Verzeichnis für die Eruierung der Wohnorte der Autobe-sitzer zur Verfügung [3].

5. Ab 1.1.1973 galt im benachbarten Deutschland eine neue Landkreiseinteilung. Nach diesem Zeitpunkt gab es eine Zeitlang deutsche Autonummern nach alter und neuer Kreiseinteilung[4].

## 2.2.5.2. Abgrenzung des Erhebungsgebietes der Autonummernregistrierung (Cityparkplätze)

Von der Problemstellung her war ich nur an den Autos von Citybesuchern in-teressiert, die das Zentrum zwecks Inanspruchnahme von Dienstleistungen aller Arten und Stufen aufsuchten, nicht aber an den Autos von Pendlern, Geschäfts-inhabern, Autos von im Erhebungsgebiet (Autonummernregistrierung) Wohnhaften und Besuchern von letzteren. Im folgenden soll gezeigt werden, dass diese ge-wünschte Trennung weitgehend erfolgen konnte.

1. Autos von Pendlern sind kaum auf den Parkplätzen meines Erhebungsgebietes parkiert. Gründe: . Die Industriegebiete befinden sich aus historischen und topographischen Gründen[5] ausserhalb des als City fungierenden Altstadtbereichs und besitzen ihre eigenen Parkplätze.

---

1 Fischer 1973.
2 Vergleiche Kap.2.2.5.6..
3 An sich könnte es zwar sein, dass ein Citybesucher von einem andern Ort als seinem Wohnort aus das Zentrum von Schaffhausen besucht (Bsp.:ein Zürcher,der mit seinem Auto bei seiner Tante in Herblingen in den Ferien ist). Diese Fälle sind jedoch sehr selten, wie andere Untersuchungen belegen (Hohl 64,S.48).
4 Nach mündlicher Auskunft von Hrn. Dr.Zengerling (Regionalverband Waldshut).
5 Vergleiche Früh 1950, S. 13.

.. In der City Beschäftigte benutzen (falls sie das Auto
für den Weg zur Arbeit verwenden) zeitlich nicht limi-
tierte Gratisparkplätze, die sich an verschiedenen
Stellen in ca. fünf Gehminuten Entfernung vom Cityrand
befinden (z.Bsp. Munot, Güterbahnhof, Viehmarkt Hochstrasse, Fäsenstaub[1]). Auch private Parkflächen oder
Parkplätze in Parkhäusern des Zentrums (Dauermieter)
werden von dieser Personenkategorie benützt. Diese
Parkflächen konnten aus dem Erhebungsgebiet der Auto-
nummernanalyse ausgesondert werden. Die von mir erfassten Zentrumsparkplätze sind praktisch alle zeitlich
befristet[2] und infolge der hohen Gebühr (-.50/h) zu
teuer für Arbeitspendler. Andererseits werden die obgenannten Gratisparkplätze [3] kaum von Citybesuchern
benutzt, weil a) diese Aussenparkplätze bereits vom
frühen Morgen an durch Autos von Berufstätigen belegt
sind[4] und b) die Fussgängerdistanz zum Cityrand (5 Min.)
für Citybesucher bereits zu gross ist[5].

2. Autos von Geschäftsinhabern. Geschäfte, die dringend auf ein Auto ange-
wiesen sind, aber keinen eigenen Parkplatz bei ihrem Geschäft besitzen
(was in der mittelalterlich parzellierten Altstadt von Schaffhausen der
Normalfall ist), benützen auch die öffentlichen Cityparkflächen und wurden
demzufolge bei meiner Autonummernregistrierung auch miterfasst. Diese
Autos konnten jedoch später bei der Auswertung der Daten relativ leicht aus
der Erhebung eliminiert werden, da die Geschäftsinhaber oft auch in der City
wohnen (Autos von in der City wohnhaften Personen wurden bei der Auswertung
ebenfalls eliminiert, siehe unten bei (3.)). Geschäftsautos von nicht in
der City wohnhaften Citygeschäftsinhabern konnten mit Hilfe des Eintrags
im Autonummernverzeichnis (Name, Beruf, ev. Eintrag des Autos unter dem
Namen des Geschäfts) bei der Auswertung der gesammelten Daten eliminiert
werden.

---

1 Die Angaben beziehen sich auf die Situation im Herbst 1972, vergl. Fig.1,S.22.
2 Eine Ausnahme bildet der im Zentrum gelegene Mosergartenparkplatz. Er weist
  unbefristete Gratisparkplätze auf, wird deshalb fast ausschliesslich von
  in der City Arbeitenden benutzt und darum bei meiner Erhebung nicht berücksichtigt.
3 Sog. Aussenparkplätze in Fig.1, S.22.
4 Nach von mir durchgeführten Ermittlungen.
5 Vergleiche Knecht 1972, S.94.

3. <u>Autos von in der City wohnhaften Personen.</u> Von meinen Autonummernregistrierungen erfasste Autos, deren Besitzer in der City wohnhaft waren, wurden bei der Auswertung der Daten ausgesondert und nicht weiter mitberücksichtigt, da nicht entschieden werden konnte, ob das Auto im Zusammenhang mit dem Citywohnsitz oder mit der Inanspruchnahme einer City- Dienstleistung im Zentrum parkiert war. Wie intensiv die Beziehungsintensität zwischen Citybevölkerung und City ist, kann also aus meiner Untersuchung nicht entnommen werden. Wir können jedoch annehmen, dass die in der City wohnhaften Personen mindestens eine gleich hohe Beziehungsintensität zur City aufweisen wie die Bevölkerung in den unmittelbar an die City angrenzenden Quartieren, deren BI bekannt ist.

4. <u>Autos von Besuchern der in der City Wohnhaften.</u> An sich ist auch diese Gruppe von Autos in meiner Erhebung unerwünscht, jedoch kaum von den andern Autos absonderbar. Folgende Gründe lassen jedoch diesen Nachteil als tragbar erscheinen: . Im Vergleich zu den Citybesuchern mit der Absicht, eine Dienstleistung in Anspruch zu nehmen, ist die in der Erhebung unerwünschte Gruppe verschwindend klein[1].

.. Oft wird mit dem Besuch eines in der City Wohnhaften auch noch die Inanspruchnahme einer Citydienstleistung verbunden.

Kommentar zu Fig. 1 (Erhebungsgebiet der Autonummernregistrierung)

. Das Erhebungsgebiet der Autonummernregistrierung deckt sich mit dem Gebiet der zeitlich limitierten Parkplätze in der City Schaffhausen.

. Einzelne unbefristete, kleine Cityparkplätze (die es damals noch gab, z.Bsp. der Mosergarten) wurden nicht in die Registrierung einbezogen, da vorausgegangene Untersuchungen ergeben hatten, dass diese wenigen unbefristeten Parkplätze bereits am frühen Morgen von in der City Arbeitenden belegt werden.

1 Vergleiche Hohl 1964, S. 48.

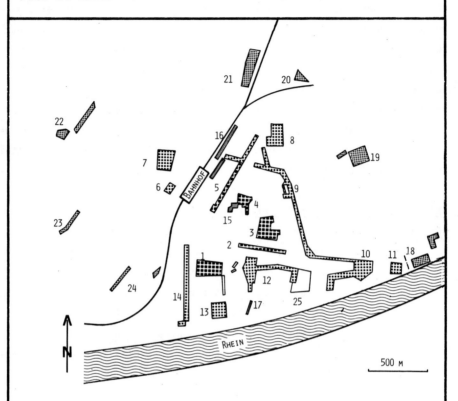

FIG. 1: ERHEBUNGSGEBIET DER AUTONUMMERNREGISTRIERUNG

Legende:

| | |
|---|---|
| Innere fünf P (Wochenanalyse) | |
| Zusätzliche P für Tagesanalyse | |
| Aussenparkplätze | |
| Ausgelassene, kleine Zentrumsparkplätze | |

| | | | |
|---|---|---|---|
| 1 | Herrenacker | 14 | Neustadt |
| 2 | Vordergasse | 15 | Krummgasse |
| 3 | Kirchhofplatz | 16 | Bahnhofplatz |
| 4 | Platz | 17 | Klosterstrasse |
| 5 | Vorstadt | 18 | Salzstadel |
| 6 | Landhaus | 19 | Emmersberg |
| 7 | Bushof | 20 | Güterbahnhof |
| 8 | Gelbgarten | 21 | Viehmarkt |
| 9 | Bachstrasse | 22 | Schützenhaus |
| 10 | Schifflände | 23 | Sternwarte |
| 11 | Fischerhäuser | 24 | Fäsenstaub |
| 12 | Münsterplatz | 25 | Mosergarten |
| 13 | Frauengasse | | |

. Um in Zweistunden- Intervallen mit einem Rundgang alle zeitlich befristeten Zentrumsparkplätze erfassen zu können, war es nötig, einige Einzelparkfelder, die grosse Umwege auf dem Registrierrundgang erfordert hätten, wegzulassen. Es handelt sich bei den vernachlässigten Parkplätzen aber nur um ca. 5 % der Cityparkfläche. Spätere Untersuchungen (Nummernregistrierungen auf den vernachlässigten Cityparkplätzen) ergaben, dass sich die Benützer der in der Hauptuntersuchung vernachlässigten Parkplätze[1] in Bezug auf ihre Herkunft (Herkunftssektor und Abstandszone) gleich zusammensetzen wie die registrierten 95 % . Somit konnte bei der Berechnung der Beziehungsintensität lediglich dieser 5 %-Ausfall berücksichtigt werden.[2]

. Bei der Berechnung der samstäglichen[3] Besucherwerte musste noch eine zusätzliche kleine Korrektur vorgenommen werden, da infolge des begrenzten Parkplatzangebotes im Zentrum und wegen der an Samstagen höheren Besucherfrequenzen ein kleiner Teil der motorisierten Citybesucher gezwungen wird, das Auto bereits auf den ca. 5 Gehminuten vom Cityrand entfernten, zeitlich unbefristeten Aussenparkplätzen[4] zu belassen (was an Samstagen dort auch möglich ist, weil die Aussenparkplätze dann nicht durch die Autos von Pendlern belegt sind). Spätere an Samstagen zu verschiedenen Zeiten auf den randlichen Aussenparkplätzen durchgeführte Autonummernerhebungen ergaben, dass sich die Benützer der Aussenparkplätze nach ihrer Herkunft (Herkunftssektor und Abstandszone) ähnlich zusammensetzen wie die bei der Hauptuntersuchung im Zentrum registrierten, motorisierten Citybesucher. Die Werte der Hauptuntersuchung mussten deshalb lediglich mit einem Faktor von 1.10 - 1.15 (je nach Tageszeit) multipliziert werden[5].

## 2.2.5.3. Die Belegung der Autos

Die Zahl der parkierten Autos liegt verständlicherweise tiefer als die Zahl der Personen, die mit dem Auto in die City kommen. Es musste also ein Wert für die Belegung der Autos gefunden werden. Von mir im Zentrum von Schaffhausen durchgeführte Auszählungen (Belegung der Autos, die parkieren oder den Parkplatz verlassen) ergaben, dass die durchschnittliche Belegung variiert, und zwar nach Tageszeit und auch im Vergleich Samstag /normale Wochentage (Mo-Fr)[6].

1 Vergleiche Fig. 1, S. 22.
2 Genaue Werte für (1+a): in R1-3 1,05, in R4-6 1.06 und in R7-10 1.05 (Erklärung des Ausdrucks 1+a: Siehe S. 43).
3 Nur an Samstagmorgen und Samstagnachmittagen (R1-6).
4 Aussenparkplätze: Siehe Fig. 1, S. 22.
5 Genaue Werte für (1+p): in R1 - 3 an Samstagen 1,14, in R4 - 6 an Samstagen 1,12, am Samstagabend und an normalen Arbeitstagen 1,0 (Erklärung des Ausdrucks 1+p: Siehe S. 43).
6 Siehe Fig. 5 u. 6, nächste Seite.

Für die Werte in untenstehender Figur wurden nur die über 18 Jahre alten Personen
berücksichtigt. Meine Citybesucherwerte beziehen sich also auf die Gruppe der
Erwachsenen. Dies deckt sich mit dem Vorgehen bei der Untersuchung der Hochschule
St. Gallen[1], aus der ich die Verteilung der Citybesucher auf die verschiedenen
Verkehrsträger entnehmen konnte[2].

Fig. 2: Belegung der Autos

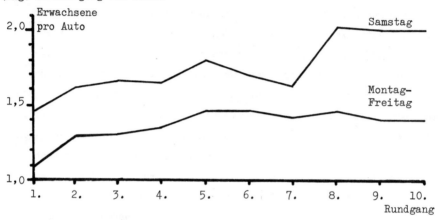

Fig. 3:Belegung der Autos und Geschlechterverhältnis

| Rundgang (Zeit) | erwachsene Personen pro Auto | | Prozentsatz Männer | | Prozentsatz Frauen | |
|---|---|---|---|---|---|---|
| | Montag-Freitag | Samstag | Montag-Freitag | Samstag | Montag-Freitag | Samstag |
| 1 (6.30-8.30) | 1,09 | 1,45 | 74:6 | 65.2 | 25.4 | 34.8 |
| 2 (8.30-10.30) | 1,29 | 1,61 | 61.1 | 53.7 | 38.9 | 46.3 |
| 3 (10.30-12.30) | 1,31 | 1,67 | 68:6 | 57.9 | 31.4 | 42.1 |
| 4 (12.30-14.30) | 1,35 | 1,65 | 51.1 | 57.1 | 48.9 | 42.9 |
| 5 (14.30-16.30) | 1,46 | 1,80 | 55.6 | 57.8 | 44.4 | 42.2 |
| 6 (16.30-18.30) | 1,46 | 1,70 | 62.1 | 64.4 | 37.9 | 35.6 |
| 7 (18.30-20.30) | 1,42 | 1,63 | 67.2 | 66:3 | 32.8 | 33.7 |
| 8 (20.30-22.30) | 1,46 | 2,02 | 70.6 | 58.3 | 29.4 | 41.7 |
| 9 (22.30-00.30) | (1,4) | (2,0) | 76.4 | 65:2 | 23.6 | 34.8 |
| 10 (00.30-02.30) | (1,4) | (2,0) | 76.4 | 65.2 | 23.6 | 34.8 |

1 Fischer 1973.
2 Vergleiche Kap. 2.2.5.6. ,S. 35.

Kommentar zur Fig. 2

Die Samstagswerte liegen etwa um 0.5 Personen über den Werten der normalen
Wochentage (Mo-Fr). Grund: Familieneinkauf, resp. gemeinsamer Abendausgang
am arbeitsfreien Samstag.

Innerhalb des Tagesablaufes stellen wir eine kontinuierliche Zunahme des
Belegungswertes bis zum Registrierrundgang 5 fest. Erklärung: Am Morgen wird
vor allem der problemlose Grundbedarf (z.Bsp. Lebensmittel) gedeckt. Dies
geschieht eher durch Einzelpersonen[1].

## 2.2.5.4. Durch die Autonummernregistrierung nicht erfasste motorisierte Citybesucher

### 2.2.5.4.1. Prinzipielle Fragen

Trotz der Durchführung von täglich zehn Autonummern - Registrierrundgängen
kann ich nicht alle motorisierten Zentrumsbesucher erfassen. Vor allem bei
jenen, die die City nur kurz besuchen, wird die Nichterfassungsquote hoch sein.
Durch Zusatzuntersuchungen mussten deshalb folgende Fragen abgeklärt werden:

1. Verteilen sich die nichterfassten motorisierten Zentrumsbesucher gleich
   auf das Umland (in Bezug auf ihre Herkunft) wie die registrierten Citybesucher ?

2. Wie gross ist die Nichterfassungsquote ?
   Aendert sie sich im Tagesablauf ? im Vergleich Montag - Freitag/ Samstag ?

Bemerkungen zur Frage 1

Um diese Frage abklären zu können, verglich ich bei den von mir erfassten
motorisierten Citybesuchern jene, die ich nur gerade auf einem Rundgang
registriert hatte, mit jenen, die ich auf zwei oder mehreren aufeinanderfolgenden Rundgängen erfasst hatte, in Bezug auf ihre Herkunft (Vergleich von
Kurzzeit- und Langzeitparkierern).

---

1 Dies bestätigen auch die im Zusammenhang mit meiner Diplomarbeit gemachten
  Erfahrungen. Siehe Gerber 1970, S.89 ff..

Dabei konnte festgestellt werden (siehe untenstehende Tabelle)[3] dass keine
nennenswerten Unterschiede zwischen Kurzzeit- und Langzeitparkierern in Bezug auf ihre Herkunft (Verteilung auf verschiedene Abstandszonen des Umlandes)
bestehen. [1] Infolgedessen können meine erfassten Citybesucherwerte  mit
einem "Nichterfassungsfaktor" korrigiert werden, ohne dass sich Fehler in Bezug auf die Verteilung nach Abstandszonen ergeben.

Fig. 4: Vergleich Langzeit-/Kurzzeitparkierer

| Zeitabstand[2] in Min. | Kurzzeitparkierer in % | | Langzeitparkierer in % | |
|---|---|---|---|---|
| | Donnerstag | Samstag | Donnerstag | Samstag |
| 0 - 10 | 64 | 70 | 64 | 70,6 |
| 11 - 20 | 24,4 | 21,2 | 24,2 | 21,3 |
| 21 - 30 | 11,5 | 8,9 | 11,7 | 8 |
| Total 0 - 30 | 100 | 100 | 100 | 100 |

Bemerkungen zur Frage 2

Um die Nichterfassungsquote, also den Anteil jener motorisierten Citybesucher,
die ich in Registrierrundgängen im Zweistundenabstand nicht erfasste, ermitteln
zu können, waren zusätzliche Untersuchungen nötig. Vor der Durchführung der
diesbezüglichen Zusatzuntersuchungen mussten folgende zwei Punkte überlegt
werden:

. Ist die Nichterfassungsquote auf allen Cityparkplätzen gleich gross ?
  Dazu ist folgendes zu sagen: Glücklicherweise besassen die meisten Zentrumsparkplätze die selbe Zeitlimite (6h). Es existierte zur Zeit meiner Er-

---

1 Lediglich bei jenen Citybesuchern, die von weit ausserhalb des Umlandes
(mehr als 30 Min. PKW - Zeitabstand (bei 60km/h)) nach Schaffhausen kamen
(Gelegenheitsbesucher), ist bei den Langzeitparkierern ein deutlich höherer
Anteil (etwa 1.5 - facher Wert) zu verzeichnen. Da uns diese Gruppe (Gelegenheitsbesucher von ausserhalb des normalen Einzugsgebietes) im Zusammenhang mit der Fragestellung meiner Untersuchung wenig interessiert, ist dies
von geringer Bedeutung.

2 Zeitabstand = PKW Fahrzeit bei 60 km/h + 5 Min. für Parkplatzsuche und
Parkieren.

3 Mit Hilfe der Donnerstag- und Samstag- Tagesanalyse ermittelt.

hebung allerdings auch noch eine kleinere Zahl von auf 1 - 1,5 h limitierten, sog. blauen Parkplätzen. Trotzdem kann angenommen werden, dass die Nichterfassungsquote auf diesen Parkfeldern etwa gleich gross sein wird wie auf jenen mit dem Sechs- Stunden - Zeitlimit, da auch in dieser Zone länger parkiert wurde (Nachstellen der Parkscheibe). Zudem konnte im Laufe der Untersuchungen festgestellt werden, dass ein grosser Teil dieser "blauen" Parkplätze von in der City Wohnhaften und Geschäftsleuten belegt wird, von Gruppen also, die bei der Auswertung der Daten sowieso nicht berücksichtigt werden[1]. Auch der Gebührenansatz war (bis auf wenige Ausnahmen) einheitlich mit -.50 sfr/h.

Trotz dieser relativen Einheitlichkeit in Bezug auf Zeitlimitierung und Gebührenansatz war in der Mitte der City eine höhere Nichterfassungsquote als am Cityrand zu erwarten, da ein eiliger Kurzzeitparkierer sicher weniger gewillt ist, noch eine Gehdistanz von ein paar Minuten zur Zentrumsmitte in Kauf zu nehmen, als jemand, der länger in der City zu bleiben gedenkt. Es wurden deshalb zwei unterschiedlich gelegene Parkplätze ausgewählt, um mittels einer Zusatzuntersuchung die Nichterfassungsquote zu ermitteln, nämlich der in der Citymitte gelegene Herrenackerparkplatz und der am Cityrand gelegene Bushofparkplatz.

.. Ist die Nichterfassungsquote im Tagesablauf gleich gross, oder verändert sie sich? Unterschiede zwischen normalen Wochentagen (Montag - Freitag) und Samstag?

Um dies abklären zu können, wurden die Zusatzuntersuchungen (zur Bestimmung der Nichterfassungsquote) ganztägig an einem Donnerstag und an einem Samstag durchgeführt.

Insgesamt wurden also vier ganztägige Untersuchungen durchgeführt, nämlich:
. Herrenacker, Samstag
. Herrenacker, Donnerstag
. Bushof, Samstag
. Bushof, Donnerstag

---

1 Vergleiche Kap. 2.2.5.2., S. 20.

2.2.5.4.2. Vorgehen bei der Bestimmung der Nichterfassungsquote

Auf den obgenannten Parkplätzen (Herrenacker und Bushof) wurde ein Punkt eingenommen, von dem aus ca. 100 Parkfelder eingesehen werden konnten. Auf einer entsprechenden Planskizze wurde für jedes parkierende oder wegfahrende Auto die Zeit eingetragen. Die Untersuchungen dauerten jeweils von 6 Uhr bis 19.30 Uhr. Mit Hilfe der so gewonnenen Daten konnte ermittelt werden, wie hoch die Nichterfassungsquote bei Autonummern - Registrierrundgängen in einem zweistündigen Abstand ist.

Um für eine bestimmte Tageszeit, beispielsweise von 10.30 Uhr - 12.30 Uhr (würde dem Registrierrundgang 3 entsprechen), die Nichterfassungsquote ermitteln zu können, wurde wie folgt vorgegangen:

. Zuerst wurde festgestellt, wie viele Autos ich erfasst hätte, wenn ich während diesen zwei Stunden nur eine Registrierung vorgenommen hätte - wie dies bei der Hauptuntersuchung der Fall war. Dieser Wert wurde für fünf verschiedene Zeitpunkte innerhalb dieser Zweistunden - Zeitspanne eruiert und daraus ein Durchschnittswert gebildet (= durchschnittliche Zahl Autos, die ich erfasse, wenn ich innerhalb von zwei Stunden nur eine Registrierung vornehme).

. Danach wurde festgestellt (auch mit Hilfe der Daten der Zusatzuntersuchung), wie viele Autos ich zwischen zwei (zwei Stunden auseinanderliegenden) Rundgängen nicht erfasse. Auch hier wurden die zwei Stunden auseinanderliegenden Zeitpunkte, zwischen denen ich die Zahl der nicht erfassten Autos ermittelte, variiert und aus fünf Werten das Mittel gebildet.

Auf diese Weise erhielt ich das Verhältnis erfasster zu nicht erfassten Autos (bei im Abstand von zwei Stunden durchgeführten Registrierungen) für die verschiedenen Tageszeiten, für normale Wochentage (Mo- Fr) und Samstag und für Citymitte- und Cityrandparkplätze. Im nächsten Abschnitt sollen die so erhaltenen Ergebnisse dargestellt und anschliessend interpretiert werden.

2.2.5.4.3. Ergebnisse und Interpretation (Zusatzuntersuchung
           Nichterfassungsquote)

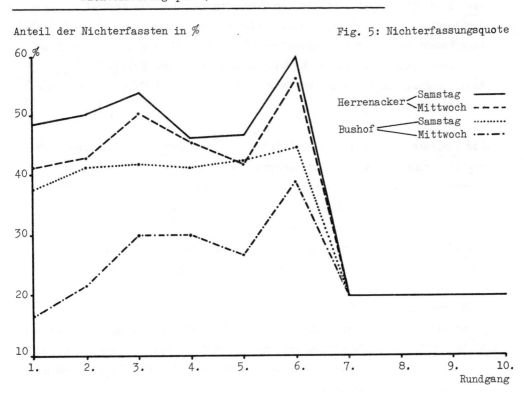

Anteil der Nichterfassten in %
                                    Fig. 5: Nichterfassungsquote

Fig. 6: Nichterfassungsquote (Tabelle)

|  |  |  | R 1 | R 2 | R 3 | R 4 | R 5 | R 6 | R 7-10 |
|---|---|---|---|---|---|---|---|---|---|
| Herrenacker | Montag-Freitag | Nichterfasste in % | 41,7 | 43,1 | 50,3 | 45,5 | 42,1 | 56,4 | 20 |
|  |  | Korrekturfakt.(1+v) | 1,71 | 1,79 | 2,01 | 1,83 | 1,73 | 2,24 | 1,25 |
|  | Samstag | Nichterfasste in % | 49 | 50,5 | 54 | 46,5 | 47 | 60 | 20 |
|  |  | Korrekturfakt.(1+v) | 1,96 | 2,02 | 2,17 | 1,87 | 1,88 | 2,5 | 1,25 |
| Bushof | Montag-Freitag | Nichterfasste in % | 16,5 | 21,4 | 30 | 30 | 26,8 | 39 | 20 |
|  |  | Korrekturfakt.(1+v) | 1,2 | 1,27 | 1,43 | 1,43 | 1,36 | 1,64 | 1,25 |
|  | Samstag | Nichterfasste in % | 38 | 41,8 | 42 | 41,4 | 42,4 | 43,7 | 20 |
|  |  | Korrekturfakt.(1+v) | 1,44 | 1,72 | 1,72 | 1,7 | 1,74 | 1,77 | 1,25 |
| Korrekturfakt. (1+v) für Erhebungsgebiet der Tagesanalyse | | Montag-Freitag | 1,43 | 1,55 | 1,75 | 1,64 | 1,53 | 1,95 | 1,25 |
|  | | Samstag | 1,71 | 1,88 | 1,94 | 1,76 | 1,79 | 2,07 | 1,25 |

## Kommentar zu Fig. 5 und Fig. 6

. Sowohl am Cityrand wie auch in der Citymitte kann an Samstagen eine höhere
Nichterfassungsquote festgestellt werden als an normalen Wochentagen (Mo-Fr).
Dies bedeutet: Mehr Kurzzeitparkierer (⟶ höhere Nichterfassungsquote) an
Samstagen, längere Stadtbesuche während der Woche (Mo- Fr).
Mögliche Erklärung: Besuch von Aerzten und Aemtern von Mo - Fr (⟶ längere
Stadtbesuche).


. Der Herrenackerparkplatz (Citymitte) weist, wie schon oben vermutet, tatsächlich eine höhere Nichterfassungsquote auf als der Bushof (Cityrand).

Herrenacker: Für kurze Citybesuche ist der Automobilist weniger gewillt,
noch eine Gehdistanz vom Parkplatz zum Geschäft in Kauf zu
nehmen.

Bushof: Für längere Citybesuche wird eine gewisse Gehdistanz vom
Parkplatz bis zur Citymitte eher in Kauf genommen.


. Am Samstag ist der Unterschied zwischen Nichterfassungsquote Citymitte
(Herrenacker) und Cityrand (Bushof) wesentlich kleiner als unter der Woche.
Möglicher Grund: An Samstagen werden infolge Parkplatzmangel in der Citymitte
auch Kurzzeitbesucher gezwungen, ihr Auto am Cityrand zu
parkieren.


. Tagesgang der Nichterfassungsquote beim Herrenackerparkplatz: Kurz vor Mittag
(Rundgang 3) und vor dem Geschäftsschluss (Rundgang 6) ist die Nichterfassungsquote höher (vermehrt kurze Citybesuche unmittelbar bevor die Läden schliessen).


. Tagesgang der Nichterfassungsquote beim Bushofparkplatz (Cityrand): Der Ver-
lauf ist ähnlich wie beim Herrenacker, zwei kleine Unterschiede jedoch sind
erwähnenswert: a. Die R3 - Spitze ist hier weniger ausgeprägt (vormittägliche,
eilige Kurzzeitparkierer fahren eher ganz ins Zentrum).

b. Am Samstag hier schwache R6 - Spitze. Grund: Da an Samstagen
bereits um 17 Uhr Geschäftsschluss ist (Beginn des R6 um
16.30 Uhr), registriere ich auf dem weiter von der Citymitte entfernten Bushof nur noch wenige Kurzzeitparkierer.
Diese müssen so kurz vor Ladenschluss zentralere Parkplätze benützen, um noch rechtzeitig die Geschäfte zu erreichen.

Aus der Nichterfassungsquote für den als Beispiel eines Cityrandparkplatzes
ausgewählten Bushofparkplatz und jener für den als Beispiel eines City-
mitteparkplatzes ausgewählten Herrenacker wurde ein für das ganze Erhebungsgebiet der Autonummernregistrierung gültiger Wert gemittelt. Es wurde nicht
einfach das arithmetische Mittel von Herrenacker- und Bushofwerten genommen,
sondern die innersten fünf Cityparkplätze (Herrenacker, Vordergasse, Kirchhofplatz, Platz und Vorstadt)[1] wurden mit dem Herrenackerwert berechnet und
die restlichen Cityparkplätze mit dem Bushofwert. Je nach der Verteilung
der Autos (bei den Autonummer - Registrierrundgängen) auf innere und äussere
Parkplätze konnte für die einzelnen Rundgänge eine für die ganze City
gültige Nichterfassungsquote ermittelt werden[2].

Eine Schwierigkeit dieser Untersuchung muss zum Schluss noch erwähnt werden.
Für die abendlichen Rundgänge (8 - 10) konnte die obige Untersuchung nicht
durchgeführt werden, da sie an das Tageslicht gebunden ist. Es konnte jedoch
aus den Erfahrungen bei den Autonummernregistrierungen ersehen werden (am
Abend geringster Autowechsel auf den Parkplätzen), dass am Abend die Kurz-
parkierer stark zurücktreten (was natürlich mit dem Zweck der abendlichen
Citybesuche (Kino, Theater, Vorträge, Wirtshausbesuch) zusammenhängt).
Zudem kann aus den Untersuchungen über Doppel- und Mehrfachzählungen[3] entnommen werden, dass am Abend die Langzeitparkierer dominieren. Es wurde deshalb für die Abendrunden ein geschätzter Nichterfassungswert verwendet, der
niedriger als jener der übrigen Tageszeiten liegt. Auch falls dieser geschätzte
Wert nicht ganz stimmen sollte, könnten sich für die Gesamttagesbilanz kaum
nennenswerte Fehler ergeben, da die abendlichen Besucherzahlen gegenüber
jenen des Morgens und des Nachmittags stark zurücktreten.

---

1 Vergleiche Fig. 1, S. 22 .
2 Siehe Fig. 6 , S. 29 .
3 Kap. 2.2.5.5., S. 32 .

## 2.2.5.5. Mehrfachregistrierungen

Es gibt bei meinen Autonummernregistrierungen nicht nur einen Ausfall (nicht-
erfasste Kurzzeitbesucher, vergleiche Kap. 2.2.5.4.) zu berücksichtigen,
sondern es werden andererseits auch motorisierte Citybesucher,deren Aufenthalt
im Zentrum länger als zwei Stunden dauert, mehrfach erfasst, obwohl es sich
ja eigentlich nur um einen Stadtbesuch handelt.Um das Total der täglichen
Besucher zu erhalten, darf also nicht einfach das Total der einzelnen Registrier-
Rundgänge summiert werden. Für die Berechnung des Tagestotals darf bei Mehrfachregistrierungen nur eine berücksichtigt werden.

Ich ging wie folgt vor: Bei drei aufeinander folgenden Registrierungen
des gleichen Autos wurde für die Berechnung des Tagestotals nur die mittlere
gezählt. Bei zwei aufeinanderfolgenden Registrierungen (=Normalfall bei den
Mehrfachzählungen) wurde für die Bildung des Tagestotals der Citybesucher
alternierend die erste oder die zweite berücksichtigt.[1] Auf diese Weise ergab sich
für jeden Registrierrundgang eine bestimmte Anzahl abzuziehender Autoregistrie-
rungen. Für die Bildung des Tagestotals sind also die reduzierten Rundentotale
zu summieren.

Fig. 7 Mehrfachregistrierungen

| | $\dfrac{N_{Rj}}{L_{Rj}}$ = | registrierte Autos in Runde Rj | | | | | | | | |
|---|---|---|---|---|---|---|---|---|---|---|
| | | abzuzählende Mehrfachregistrierungen (Autos) in Runde Rj | | | | | | | | |
| | R 1 | R 2 | R 3 | R 4 | R 5 | R 6 | R 7 | R 8 | R 9 | R 10 |
| Donnerstag | 5,47 | 3,48 | 3,03 | 3,59 | 4,49 | 4,48 | 2,77 | 3,48 | 3,11 | 1,0 |
| Samstag | 4,23 | 8,68 | 9,32 | 4,97 | 6,82 | 5,02 | 2,99 | 4,51 | 2,74 | 1,61 |

---

1 Bei dem sehr seltenen Fall von vier oder noch mehr aufeinanderfolgenden
  Registrierungen wurde analog vorgegangen.

Gleich wie die Besucherwerte des Totals aller Zähleinheiten (Quartiere, Gemeinden, Gemeindegruppen) pro Rundgang (und auch pro Tag) mit einem bestimmten Faktor reduziert werden konnten, kann auch mit den Besucherwerten aus den einzelnen Zähleinheiten verfahren werden. Dies allerdings nur unter folgenden Bedingungen:

1. Aus allen Abstandszonen des Umlandes müssen prozentual gleich viel Langzeitparkierer kommen.
2. Das Tagestotal muss sich bei den einzelnen Zähleinheiten gleich auf die zehn Registrier - Rundgänge aufteilen.

zur Bedingung 1. : Dass diese Bedingung erfüllt ist, wurde bereits unter 2.2.5.4. gezeigt.

zur Bedingung 2. : Diese Bedingung ist nicht erfüllt, da sich je nach Abstand zur City das Tagestotal anders auf die einzelnen Tageszeiten verteilt[1]. Im Prinzip müsste deshalb jeder Besucherwert/ Rundgang einer Zähleinheit mit dem zur entsprechenden Runde gehörenden Faktor reduziert werden. Aus dem Total der zehn reduzierten Besucherwerte/Rundgang müsste das Tagestotal einer Gemeinde gebildet werden.

Um die Berechnung etwas zu vereinfachen, wurde in der Praxis allerdings etwas anders vorgegangen. Es wurde nämlich bei den einzelnen Zähleinheiten nicht jeder Rundenwert separat reduziert, sondern die Summe der Morgenrunden (1-3), die Summe der Nachmittagsrunden (4-6) und die Summe der Abendrunden. Diese Vereinfachung ist mathematisch dann zulässig, wenn sich innerhalb des Morgens (resp. Nachmittags oder Abends) das Verhältnis R1 : R2 : R3 aus den verschiedenen Abstandszonen des Umlandes gleich bleibt. Dies ist weitgehend so[2], d.h. Unterschiede in der prozentualen Verteilung auf

---

1 Vergl. Kap. 2.3.1., S.54.
2 Siehe Fig.18, S.54.

die Tageszeiten (je nach Umlandszone) treten vor allem im Verhältnis Morgen-
frequenz : Nachmittagsfrequenz : Abendfrequenz auf, nicht aber innerhalb des
Morgens, Nachmittags oder Abends. Allfällige Abweichungen bei kleinen Gemeinden
können als zufallsbedingt betrachtet werden.

Mathematisch stellt sich diese zur Berechnung des Tagestotals/ Zähleinheit
wegen der Mehrfachregistrierungen notwendig gewordene Reduktion wie folgt dar:

(Um alle Symbole, die nachfolgend verwendet werden, verstehen zu können, muss
man die Legende S. 43 konsultieren.)

$d_{R_j}$ = Anzahl Personen (Langzeitbesucher), die auf $R_j$ abgezählt werden (weil sie
    dafür auf einem andern Rundgang berücksichtigt wurden, vergl. Text)

$$= \frac{B_{R_j}}{(1+v_{R_j}) \frac{N_{R_j}}{L_{R_j}}}$$

Bemerkung zu dieser Formel: Die in den 2h – Zeitabschnitten
nicht miterfassten Citybesucher (vergl. 2.2.5.4., S. 25 )
müssen nicht reduziert werden (deshalb Division durch den
Ausdruck in Klammern), da bei den Nichterfassten nur Kurzzeitparkierer ($<$ 2h Parkdauer) vorkommen.

$L_{R_j}$ = in $R_j$ abzuzählende, mehrfach registrierte Autos

$$d_{Morgen \, (m, \, R1-3)} = \frac{B_{R1}}{(1+v_{R1}) \frac{N_{R1}}{L_{R1}}} + \frac{B_{R2}}{(1+v_{R2}) \frac{N_{R2}}{L_{R3}}} + \frac{B_{R3}}{(1+v_{R3}) \frac{N_{R3}}{L_{R3}}}$$

$d_{Nachmittag \, (n, \, R4-6)}$ und $d_{Abend \, (a, \, R7-10)}$: Berechnung analog wie $d_m$

$B_{im}$ = reduzierte, morgendliche Citybesucherzahl aus der Gemeinde i =

$$= \frac{B_{iR1} + B_{iR2} + B_{iR3}}{\dfrac{B_{R1} + B_{R2} + B_{R3}}{(B_{R1} + B_{R2} + B_{R3}) - d_m}}$$

Berechnung von $B_{in}$ und $B_{ia}$ analog

$B_{iT}$ (T= ganzer Tag)$= B_{im} + B_{in} + B_{ia}$ = reduziertes Tagestotal der Citybesucher
    aus der Umlandgemeinde i

$BI_{iT} = \dfrac{B_{iT}}{\dfrac{E_i}{100}}$ = Tages - Beziehungsintensität der Umlandsgemeinde i

## 2.2.5.6. Die nichtmotorisierten Zentrumsbesucher

Mit meiner in den vorausgegangenen Kapiteln beschriebenen Erhebung (Autonummernregistrierung) erfasse ich nur einen Teil aller Citybesucher, nämlich jene, die
das Zentrum mit dem Auto besuchen. Es sollte also noch der Anteil bekannt sein,
den diese Besuchergruppe am Citybesuchertotal ausmacht. Zudem müssen folgende
drei Fragen abgeklärt werden:

1. Wie verändert sich der Anteil der motorisierten Zentrumsbesucher mit zunehmendem Abstand der Herkunftsgebiete von der City ?
2. Verändert sich dieser Anteil im Tagesablauf ? Ist er an einem normalen
   Arbeitstag (Montag - Freitag) anders als am Samstag ?
3. Ist der Anteil der motorisierten Zentrumsbesucher selbst innerhalb
   der gleichen Abstandszone  (Abstand des Herkunftsortes zur City) anders
   je nach dem Ausbaugrad der öffentlichen Verkehrsmittel zwischen Herkunftsort des Zentrumsbesuchers und City?

### zur Frage 1

Diese Frage konnte ich dank einer im Auftrag der Schaffhauser Regierung von
der Hochschule St. Gallen durchgeführten Untersuchung[1] beantworten. Es handelte
sich um eine repräsentative, nach dem Quotenprinzip[2] durchgeführte Umfrage. Erhebungsgebiet war die Arbeitsmarktsubregion Schaffhausen[3].

Für die mich interessierenden Fragen stellte mir das Institut für Aussenwirt-
schafts-, Struktur- und Marktforschung, Hochschule St. Gallen, das Datenmaterial
(Lochkarten) zur Verfügung. So konnte ich dank der Frage 24 der Umfrage (siehe
nächste Seite oben) die Verteilung der Citybesucher auf die einzelnen Verkehrsträger (Auto/ öffentliche Verkehrsmittel/ zu Fuss) ermitteln (auch in Abhängigkeit vom Abstand zur City) .

_____

1 Georges Fischer 1973.
2 Vergleiche Noelle 1963, S. 132 ff.(Beschreibung des Quotenverfahrens).
3 Abgrenzung der Arbeitsmarktsubregion siehe Kap. 2.4.2., S. 94 .

Fig. 8: Frage 24 der St. Galler Untersuchung

---

**Wie gelangen Sie selbst <u>meistens von der Wohnung in die City</u>? (für Einkäufe, Besorgungen)**

**(Wenn Sie in der Altstadt (City) wohnen, ist diese Frage Nr. 24 nicht zu beantworten; bitte gleich mit Frage 25 weiterfahren.)**

**1. mit öffentlichen Verkehrsmitteln**
**2. mit privaten Verkehrsmitteln**
**3. zu Fuss**                51 | ... 54

**Welche Zeit in Minuten benötigen Sie für diesen Weg?**
**(Bitte für alle drei Verkehrsmittel eine Angabe machen)**

| | Zeit in Min. | 5 | 6-10 | 11-15 | 16-20 | 21-30 | 31-45 | 46-60 | mehr als 60 | | |
|---|---|---|---|---|---|---|---|---|---|---|---|
| a) | mit dem öffentlichen Verkehrsmittel | 1 | 2 | 3 | 4 | 5 | 6 | 7 | 8 | 52 | ... 55 |
| b) | mit dem privaten Verkehrsmittel | 1 | 2 | 3 | 4 | 5 | 6 | 7 | 8 | 53 | ... 56 |
| c) | zu Fuss | 1 | 2 | 3 | 4 | 5 | 6 | 7 | 8 | 54 | ... 57 |

Es zeigte sich, dass bestimmte Abstandszonen zusammengefasst werden konnten, da sie ähnliche Werte für den Anteil des privaten Verkehrsmittels ergaben. Es blieben noch folgende Abstandszonen (Abstand zur City)

im Nahbereich[1] Schaffhausen (Einteilung nach Fussgängerabständen zur City):

0 -10 Min./ 11-20 Min./ 21-30 Min./ > 30 Min.

---

1 Unter Nahbereich ist in meiner Arbeit jenes Gebiet gemeint, das maximal 10 PKW-Minuten (Definition PKW-Min.: Siehe Fussnote nächste Seite) von der City entfernt ist. Es ist hier die Zone, aus der die City auch für den alltäglichen, kurzfristigen Bedarf aufgesucht wird. Der Nahbereich umfasst die Gemeinden Schaffhausen, Neuhausen, Feuerthalen und Flurlingen.

im übrigen Umland (Einteilung nach PKW - Fahrzeitabständen zur City[1]):

<15 Min. / >15 Min.

Die aus der St. Galler Untersuchung gewonnenen Werte (Anteil der Citybesucher mit privaten Verkehrsmitteln am Citybesuchertotal) durften aber nicht so ohne weiteres für meine Untersuchung übernommen werden, da folgende Einwände gemacht werden können:

a. Es wäre denkbar, dass Leute, die die City häufig aufsuchen, eine andere Verteilung in Bezug auf die benutzten Verkehrsmittel aufweisen als solche, die die City selten besuchen. Dies hätte für meine Untersuchung zu einem Fehler geführt, da bei meiner Autonummernregistrierung häufige Stadtbesucher eine grössere Chance hatten, erfasst zu werden. Bei der St. Galler Untersuchung wurden jedoch häufige und seltene Stadtbesucher gleicherweise erfasst. Auf Grund der St. Galler Daten[2] konnte ich jedoch in einem spätern Arbeitsschritt herausfinden, dass die Häufigkeit des Stadtbesuchs (Citybesuchs) keinen Einfluss auf die Verteilung der Citybesucher auf die verschiedenen Verkehrsmittel hatte. Dies wird in untenstehender Tabelle belegt.

Fig. 9

| Verkehrsmittel öffentlich/privat | Häufiger Citybesuch ≥ 2x / Woche | Seltener Citybesuch < 2x / Woche |
|---|---|---|
| öffentl. Verkehrsm. | 41,2 % | 41,5 % |
| priv. Verkehrsm. | 58,8 % | 58,5 % |

b. Das Frauen/Männer Verhältnis muss bei der St. Galler Untersuchung nicht unbedingt gleich gross gewesen sein wie die Geschlechterproportion bei den Citybesuchern. Da jedoch die Aufteilung auf die verschiedenen Verkehrsmittel sehr stark vom Geschlecht abhängt (bei den Frauen ist der Anteil der privaten Verkehrsmittel nur etwa halb so gross)[3], könnten sich daraus für meine Untersuchung Fehler ergeben. Es zeigte sich nämlich, dass bei

---

1 Der PKW - Zeitabstand zur City wurde wie folgt ermittelt: reine Fahrzeit nach Isochronenkarte des Stadtplanungsamtes (auf der Basis von 60 km/h erstellt) + 5 Min. für Fahrt vom Cityrand zum Parkplatz (inkl. parkieren).
2 In der St. Galler Untersuchung wurde auch die Häufigkeit der Citybesuche erhoben.
3 Dies konnte ich dank der St. Galler Daten ermitteln.

der St. Galler Untersuchung die Männer stark übervertreten waren (bedingt durch andere Fragestellungen dieser Untersuchung). Die aus der St. Galler Untersuchung für die sechs oben erwähnten Abstandszonen ermittelten Anteilswerte des privaten Verkehrs basieren also auf einer für unser Problem falschen Geschlechterproportion. Sie mussten deshalb mit Hilfe der wahren Geschlechterproportion der Citybesucher korrigiert werden.

Diese wahre Geschlechterproportion der Citybesucher wurde von mir in der City auf folgende Weise ermittelt: Unter Berücksichtigung, dass auf einen männlichen Citybesucher mit privatem Verkehrsmittel noch einer[1] dazuzuzählen ist, der die City zu Fuss oder mit öffentlichen Verkehrsmitteln erreicht, und auf einen weiblichen Citybesucher mit privatem Verkehrsmittel noch drei[2] dazuzurechnen sind, die zu Fuss oder mit öffentlichen Verkehrsmitteln in die City kommen, konnte die wahre Geschlechterproportion aller Citybesucher ermittelt werden, indem im Rahmen der Zusatzuntersuchung "Autobelegung" (Kap. 2.2.5.3.) auch die Geschlechterproportion der motorisierten Citybesucher festgestellt wurde. Es zeigte sich (siehe untenstehende Tabelle), dass sich das Frauen/Männer - Verhältnis der Citybesucher im Laufe des Tages und im Vergleich normaler Arbeitstag (Mo - Fr) / Samstag verändert.

| Fig. 10: Citybesucher-Geschlechterproportion | | R 1 | R 2 | R 3 | R 4 | R 5 | R 6 | R 7 | R 8 | R 9 | R 10 |
|---|---|---|---|---|---|---|---|---|---|---|---|
| Prozentsatz Männer bei motorisierten Citybesuchern | Montag-Freitag | 74,6 | 61,1 | 68,6 | 51,1 | 55,6 | 62,1 | 67,2 | 70,6 | 76,4 | 76,4 |
| | Samstag | 65,2 | 53,7 | 57,9 | 57,1 | 57,8 | 64,4 | 66,3 | 58,3 | 65,2 | 65,2 |
| Prozentsatz Männer bei allen Citybesuchern | Montag-Freitag | 58,6 | 42,9 | 51,3 | 33,5 | 37,6 | 44,1 | 49,7 | 53,7 | 60,8 | 60,8 |
| | Samstag | 47,4 | 35,8 | 39,8 | 39,1 | 39,7 | 46,6 | 48,8 | 40,3 | 47,4 | 47,4 |

1 Genauer Wert = 0, 89 (für die weiteren Berechnungen verwendet). Der Wert basiert auf den Zahlen der unten angefügten Tabelle, die mit Hilfe des St. Galler Datenmaterials erstellt werden konnte.

2 Genauer Wert = 2,92.

Zur Frage 2

In unserer auf S. 35 gestellten Frage 2 ging es darum, ob sich der Anteil des privaten Verkehrs im Tagesablauf oder im Wochenablauf ändere.

Da sich (wie auf der letzten Seite gezeigt wurde) die Geschlechterproportion der Citybesucher im Laufe des Tages verändert (ebenfalls ein Unterschied zwischen Montag bis Freitag und Samstag) und auch ein deutlicher Zusammenhang zwischen Geschlecht und für den Citybesuch benütztem Vekehrsmittel besteht, konnten für die verschiedenen Tageszeiten (R 1 - R 10) und für Montag - Freitag und für den Samstag verschiedene Anteilsprozente des privaten Verkehrs (Citybesucher) aus den St. Galler Daten ermittelt werden.

Die auf der nächsten Seite abgebildete Liste zeigt nun den Anteil des privaten Verkehrs (pV) bei den Citybesuchern in Abhängigkeit von Tageszeit, Wochentag und Herkunftszone des Zentrumsbesuchers. Die Bedeutung der Kolonne 1 + s wird in Abs.2.2.6. erläutert.

Im Zusammenhang mit der Verteilung der Citybesucher auf verschiedene Verkehrsmittel sei noch auf die Veröffentlichungen von Fischer[1], Knecht[2] und Eugster[3] hingewiesen.

Zur Frage 3

In der auf S. 35 gestellten Frage 3 ging es darum, ob der Anteil jener, die ein privates Verkehrsmittel benützen, auch vom Ausbaugrad der öffentlichen Verkehrsmittel abhängt.

Um diese Frage abklären zu können, wurden mit Hilfe der St. Galler Daten innerhalb der selben Abstandszone (Abstand zur City) Gemeinden mit guten öffent-

1 Fischer 1973. Fischer gibt als Anteil für den privaten Verkehr bei den Citybesuchern 44 % an. Diese Zahl geht auf die selben Urdaten zurück wie bei meiner Berechnung. Die Zahl von Fischer ist jedoch zu hoch, und zwar deshalb, weil bei ihm von 2/3 Männern und 1/3 Frauen ausgegangen wird, was aber der Wirklichkeit bei den Citybesuchern nicht entspricht. Eine Gliederung der Verteilung auf die Verkehrsmittel in Abhängigkeit vom Abstand zur City wurde nicht vorgenommen.
2 Knecht 1972. Knecht grenzt Fussgängerzone, Zone mit öffentlichem Verkehr und Privatverkehr ab, gibt aber keine Anteilszahlen. (S. 89 ff)
3 Eugster 1962. Eugster schätzt für die Zürcher City bei den Besuchern einen Anteil von 25 % mit privaten Verkehrsmitteln.

Fig. 11: Anteil der motorisierten Citybesucher (pV)

Nahbereich, Fussgängerabstand zur City: 0 - 10 Min.

|  | R 1 pV | 1+s[1] | R 2 pV | 1+s | R 3 pV | 1+s | R 4 pV | 1+s | R 5 pV | 1+s | R 6 pV | 1+s | R 7 pV | 1+s | R 8 pV | 1+s | R 9 pV | 1+s | R 10 pV | 1+s |
|---|---|---|---|---|---|---|---|---|---|---|---|---|---|---|---|---|---|---|---|---|
| Montag-Freitag | 25,4 | 3,9 | 22,9 | 4,4 | 24,3 | 4,1 | 21,3 | 4,7 | 22,0 | 4,6 | 23,1 | 4,3 | 24,0 | 4,2 | 24,7 | 4,1 | 25,9 | 3,9 | 25,9 | 3,9 |
| Samstag | 23,6 | 4,2 | 21,6 | 4,6 | 22,3 | 4,5 | 22,2 | 4,5 | 22,1 | 4,5 | 23,5 | 4,3 | 23,9 | 4,2 | 22,4 | 4,5 | 23,6 | 4,2 | 23,6 | 4,2 |

Nahbereich, Fussgängerabstand zur City: 11 - 20 Min.

|  | R 1 pV | 1+s | R 2 pV | 1+s | R 3 pV | 1+s | R 4 pV | 1+s | R 5 pV | 1+s | R 6 pV | 1+s | R 7 pV | 1+s | R 8 pV | 1+s | R 9 pV | 1+s | R 10 pV | 1+s |
|---|---|---|---|---|---|---|---|---|---|---|---|---|---|---|---|---|---|---|---|---|
| Montag-Freitag | 30,8 | 3,3 | 27,6 | 3,6 | 29,3 | 3,4 | 25,7 | 3,9 | 26,5 | 3,8 | 27,8 | 3,6 | 29,0 | 3,5 | 29,8 | 3,4 | 31,2 | 3,2 | 31,2 | 3,2 |
| Samstag | 28,5 | 3,5 | 26,1 | 3,8 | 27,0 | 3,7 | 26,8 | 3,7 | 26,7 | 3,8 | 28,3 | 3,5 | 28,8 | 3,5 | 27,0 | 3,7 | 28,5 | 3,5 | 28,5 | 3,5 |

Nahbereich, Fussgängerabstand zur City: 21 - 30 Min.

|  | R 1 pV | 1+s | R 2 pV | 1+s | R 3 pV | 1+s | R 4 pV | 1+s | R 5 pV | 1+s | R 6 pV | 1+s | R 7 pV | 1+s | R 8 pV | 1+s | R 9 pV | 1+s | R 10 pV | 1+s |
|---|---|---|---|---|---|---|---|---|---|---|---|---|---|---|---|---|---|---|---|---|
| Montag-Freitag | 29,7 | 3,4 | 26,6 | 3,8 | 28,2 | 3,5 | 24,7 | 4,0 | 25,6 | 3,9 | 26,8 | 3,7 | 27,9 | 3,6 | 28,7 | 3,5 | 30,1 | 3,3 | 30,1 | 3,3 |
| Samstag | 27,5 | 3,6 | 25,2 | 4,0 | 26,0 | 3,9 | 25,8 | 3,9 | 25,7 | 3,9 | 27,3 | 3,7 | 27,8 | 3,6 | 26,1 | 3,8 | 27,5 | 3,6 | 27,5 | 3,6 |

Nahbereich, Fussgängerabstand zur City: > 30 Min.

|  | R 1 pV | 1+s | R 2 pV | 1+s | R 3 pV | 1+s | R 4 pV | 1+s | R 5 pV | 1+s | R 6 pV | 1+s | R 7 pV | 1+s | R 8 pV | 1+s | R 9 pV | 1+s | R 10 pV | 1+s |
|---|---|---|---|---|---|---|---|---|---|---|---|---|---|---|---|---|---|---|---|---|
| Montag-Freitag | 50,7 | 2,0 | 45,5 | 2,2 | 48,2 | 2,1 | 42,3 | 2,4 | 43,7 | 2,3 | 45,8 | 2,2 | 47,7 | 2,1 | 49,0 | 2,0 | 51,4 | 2,0 | 51,4 | 2,0 |
| Samstag | 46,9 | 2,1 | 43,0 | 2,3 | 44,4 | 2,3 | 44,2 | 2,3 | 43,9 | 2,3 | 46,6 | 2,2 | 47,4 | 2,1 | 44,5 | 2,3 | 46,9 | 2,1 | 46,9 | 2,1 |

Uebriges Umland, PKW - Zeitabstand zur City: < 15 Min.

|  | R 1 pV | 1+s | R 2 pV | 1+s | R 3 pV | 1+s | R 4 pV | 1+s | R 5 pV | 1+s | R 6 pV | 1+s | R 7 pV | 1+s | R 8 pV | 1+s | R 9 pV | 1+s | R 10 pV | 1+s |
|---|---|---|---|---|---|---|---|---|---|---|---|---|---|---|---|---|---|---|---|---|
| Montag-Freitag | 70,5 | 1,4 | 63,2 | 1,6 | 67,4 | 1,5 | 58,8 | 1,7 | 60,7 | 1,6 | 63,7 | 1,6 | 66,4 | 1,5 | 68,2 | 1,5 | 71,5 | 1,4 | 71,5 | 1,4 |
| Samstag | 65,3 | 1,5 | 59,9 | 1,7 | 61,7 | 1,6 | 61,4 | 1,6 | 61,1 | 1,6 | 64,9 | 1,5 | 66,0 | 1,5 | 62,0 | 1,6 | 65,3 | 1,5 | 65,3 | 1,5 |

Uebriges Umland, PKW - Zeitabstand zur City: > 15 Min.

|  | R 1 pV | 1+s | R 2 pV | 1+s | R 3 pV | 1+s | R 4 pV | 1+s | R 5 pV | 1+s | R 6 pV | 1+s | R 7 pV | 1+s | R 8 pV | 1+s | R 9 pV | 1+s | R 10 pV | 1+s |
|---|---|---|---|---|---|---|---|---|---|---|---|---|---|---|---|---|---|---|---|---|
| Montag-Freitag | 46,8 | 2,1 | 42,0 | 2,4 | 44,5 | 2,3 | 39,0 | 2,6 | 40,3 | 2,5 | 42,3 | 2,4 | 44,0 | 2,3 | 45,3 | 2,2 | 47,4 | 2,1 | 47,4 | 2,1 |
| Samstag | 43,3 | 2,3 | 39,7 | 2,5 | 41,0 | 2,4 | 40,1 | 2,5 | 40,6 | 2,5 | 43,0 | 2,3 | 43,8 | 2,3 | 41,1 | 2,4 | 43,3 | 2,3 | 43,3 | 2,3 |

1 Bedeutung von 1+s: Siehe S. 42/43.

lichen Verkehrsverbindungen[1]nach Schaffhausen und solche mit schlechten[1] Verbindungen miteinander verglichen in Bezug auf die Verteilung der Citybesucher
auf die verschiedenen Verkehrsmittel.

|  | PKW- Zeitabstand zur City | Anteil privater Verkehrsmittel am Total |
|---|---|---|
| Entwicklungsachse | 11-20 Min. | 69 % |
| übrige Region | 11-20 Min. | 64 % |

Fig. 12

Wie in obiger Tabelle ersichtlich wird, ist das Verhältnis private Verkehrs-
mittel/ öffentliche Verkehrsmittel in beiden Gemeindegruppen ± gleich, und dies
trotz völlig verschieden gut ausgebauten öffentlichen Verkehrslinien nach
Schaffhausen.

Diesen Tatbestand können wir wie folgt deuten: Die Gemeinden mit guten öffentlichen Verkehrsbeziehungen nach Schaffhausen sind auch jene mit einem hohen
Anteil nichtlandwirtschaftlicher Bevölkerung; moderne Einkaufsgewohnheiten
(etwa der Samstag - Einkauf per Auto) finden hier eine stärkere Verbreitung
als in den ländlichen Gemeinden. Diese weisen zwar nur schlechte Verkehrsverbindungen mit der City auf, der Anteil derjenigen, die das Auto benützen,
müsste eigentlich hier höher sein. Durch ein eher traditionelles Verhalten
in diesen Gemeinden (Benützung der öffentlichen Verkehrsmittel trotz schlechtem
Ausbaugrad) scheint eine gewisse Kompensation zu Stande zu kommen.

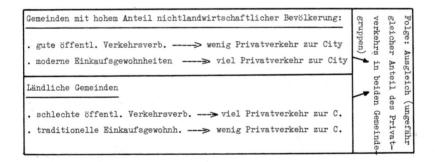

___

1 Diese Unterteilung in Gemeinden mit guten*Verkehrsbeziehungen nach Schaffhausen und Gemeinden mit schlechten Verbindungen und der damit zusammen-
hängende Vergleich war möglich (auf Grund der St. Galler Daten) für die
PKW - Abstands - Zone 10- 20 Min. Hier konnten die Gemeinden der sog.
Schaffhauser Entwicklungsachse (Beringen - Thayngen, gute öffentliche Verkehrsverbindungen nach Schaffhausen) mit den übrigen Gemeinden dieser Abstandszone (schlechte öffentliche Verkehrsverbindungen nach Schaffhausen) verglichen
werden.* mit guten öffentlichen Verkehrsbeziehungen

Dieser Befund (kein Unterschied im Anteil jener Citybesucher, die das Zentrum mit dem Auto erreichen, gleichgültig, ob sie aus Gemeinden mit guten öffentlichen Verkehrsverbindungen oder aus Gemeinden mit schlechten Verbindungen kommen) erleichterte meine Untersuchungen sehr, indem nun die Güte der öffentlichen Verkehrsverbindungen nicht berücksichtigt werden musste. Immerhin muss hier erwähnt werden, dass in Gemeinden (resp. Gemeindegruppen) mit extrem schlechten Verkehrsverbindungen nach Schaffhausen (z. Bsp. Rüdlingen/Buchberg oder Wilchingen/Osterfingen) allenfalls ein etwas zu hoher Besucherwert errechnet wird.

## 2.2.6. Berechnung der täglichen Besucherzahlen und der Beziehungsintensität

Um die Anzahl erwachsener Personen, die in der Zeit eines Autonummern - Registrierrundgangs die City besuchten, ermitteln zu können, gehen wir nun wie folgt vor:

Ausgehend von der Zahl der aus einer Zähleinheit (Gemeindeteil, Gemeinde, Gemeindegruppe) stammenden Autos, berücksichtigen wir zuerst den Verlust, den wir durch das Auslassen von einzelnen kleinen Zentrumsparkplätzen haben, machen (falls es sich um einen Samstag handelt) einen Zuschlag für die sog. Aussenparkplätze (vergl. 2.2.5.2.), nehmen den Ausfall (bedingt durch die Kurzzeitparkierer (vergleiche 2.2.5.4.)) dazu, multiplizieren mit dem Autobelegungswert (vergl. 2.2.5.3.) und gehen schliesslich von den motorisierten zu allen Citybesuchern (vergl. 2. 2. 5. 6.).

Für die Berechnung der Citybesucher - Tagestotale addieren wir die reduzierten[1] Besucherwerte der einzelnen zehn Runden (R1 - R 10).

Mathematisch sieht das wie folgt aus:

Citybesucher während der Zeit eines 2h - Registrierrundganges $R_j$ ($j = 1 - 10$) =

$$B_{R_j} = N_{R_j} (1+a_{R_j}) (1+p_{R_j}) (1+v_{R_j})\ b_{R_j} (1+s_{R_j})$$

Beziehungsintensität (BI) City / Umlandgemeinde i in $R_j = \dfrac{B_{R_j}}{\frac{E_i}{100}}$ = Anzahl Citybesuche erwachsener Pers./ 100 Ew. der Herkunftsgemeinde

---

1 Vergleiche 2.2.5.5., S. 32.

$N_{R_j}$ = Anzahl auf Rundgang j registrierter Autos

$a_{R_j}$ = $\dfrac{\text{Anzahl der im Zentrum wegen der einzelnen, kleinen,}}{\text{Anzahl registrierter Autos}}$ ausgelassenen Parkplätze nicht erfassten Autos     (Vergl. Kap. 2.2.5.2., S. 18)

$p_{R_j}$ = $\dfrac{\text{Anzahl an der Cityperipherie nicht erfasster Parkplätze}}{\text{Anzahl registrierter Autos}}$   (Vergl. Kap. 2.2.5.2.,S. 18)

$v_{R_j}$ = $\dfrac{\text{Anzahl in 2h - Zählperioden nicht erfasster Wagen}}{\text{Anzahl in 2h - Zählperioden reg. Wagen}}$   (Vergl. Kap.2.2.5.4. S. 25)

$b_{R_j}$ = $\dfrac{\text{erwachsene Personen ( > 18 Jahre)}}{\text{Auto}}$   (Vergl. Kap. 2.2.5.3., S. 23)

$s_{R_j}$ = $\dfrac{\text{Anzahl erwachsener, nicht motorisierter Citybesucher}}{\text{Anzahl erwachsener, motorisierter Citybesucher}}$ (Vergl. Kap. 2.2.5.6., S. 35 )

$E_i$ = Einwohnerzahl (1970) der Zähleinheiten (Gemeinden, Gemeindegruppen, Quart.)

Um ein Mass für die Beziehungsintensität zwischen Zähleinheit (Gemeindeteil, Gemeinde, Gemeindegruppe) und City zu erhalten, wurde die Anzahl Citybesuche erwachsener Personen noch auf die Einwohnerzahl bezogen. Als Bezugsgrösse wählte ich 100 Einwohner.

## 2.2.7. Die Berechnung der wöchentlichen Besucherzahlen

Tagesanalysen (mit 10 Autonummern - Registrierrundgängen) wurden an einem Donnerstag (23.11.1972) und an einem Samstag (11.11.72) durchgeführt. Um auch Werte (Besucherzahl und Beziehungsintensität) für die ganze Woche zu erhalten, wurde während zwei Wochen (jeweils von Mo bis Fr; 2.-6.10.1972 und 30.10. - 3.1.1972) ein abgekürztes Registrierverfahren (Autonummernregistrierung) verwendet, d.h. es wurden   a. nur drei Registrierrundgänge durchgeführt:

                Morgenrundgang (entsprechend R 2 der Tagesanalysen)

                Nachmittagsrundgang (entspr. R 5 der Tagesanalysen)

                Abendrundgang (entsprechend R 8 der Tagesanalysen)

        b. die Registrierrundgänge nur auf einer Auswahl der Zentrumsparkplätze durchgeführt.

Vollerhebungen (d.h. täglich 10 Registrierrundgänge wie bei der Donnerstag und Samstaganalyse) kamen wegen des Zeitaufwands für eine zwei Wochen dauernde Analyse nicht in Frage, da das Heraussuchen der Autonummern aus den Autonummernverzeichnissen für eine 10 Runden - Tageserhebung etwa zwei Monate beansprucht.

Damit ein abgekürztes Registrierverfahren (wie es auf Seite 43 unten beschrieben wurde) keine Fehler ergibt, müssen folgende Fragen abgeklärt werden:

1. Ergibt sich durch die Auswahl von fünf Zentrumsparkplätzen ein in Bezug
   auf die Herkunft der Autos (nach Abstandszonen und Sektoren) verfälschtes
   Bild der Beziehungsintensitäten ?

2. Wie gross ist der Verlust durch die Beschränkung der Registrier- Rundgänge
   auf fünf Parkplätze ?

3. Welcher Anteil der Gesamttagesfrequenz wird bei der Reduktion von 10 auf
   3 Registrierrundgänge noch erfasst ?

4. Ergibt die Summe der drei Registrierrundgänge (R2+ R5+ R8) qualitativ
   (d.h. in Bezug auf die Verteilung der Autos auf die verschiedenen Abstandszonen) dasselbe wie eine Vollerhebung (mit 10 Registrierrundgängen) ?

Zur Frage 1
_____

Diese Frage konnte mit Hilfe der Donnerstag- Tagesanalyse (Erhebung aller
Zentrumsparkplätze) abgeklärt werden, indem mit Hilfe der Werte der Tagesanalyse[1] geprüft wurde, ob sich bei einer Reduktion der Erhebung auf die
fünf Parkplätze Herrenacker, Vordergasse, Kirchhofplatz, Platz und Vorstadt
eine andere Verteilung der Autobesitzer nach Herkunft (Abstandszonen und
Sektoren) im Vergleich zu allen Zentrumsparkplätzen ergibt.
Dieser Vergleich (fünf/alle Zentrumsparkplätze) wurde für die Rundgänge
2, 5 und 8 durchgeführt. Die entsprechende Tabelle befindet sich auf
der nächsten Seite oben.

Es zeigte sich (vergleiche Fig. 13), dass die innern fünf Parkplätze verteilungs-
mässig (d.h. nach Herkunft der Autobesitzer) ein recht gutes,[2] lediglich verkleinertes Abbild aller Zentrumsparkplätze ergeben. Immerhin ergaben sich gewisse Abweichungen. Ein Beispiel: Der Nordsektor ist bei der reduzierten Er-

_____

1 Bei den Registrierrundgängen der Tagesanalysen wurden die Parkplätze ver-
  merkt, deshalb ist der Vergleich fünf Parkplätze/alle Parkplätze möglich.
2 Die fünf Parkplätze waren entsprechend ausgewählt worden.

Fig. 13

Vergleich der innern fünf Zentrumsparkplätze ( Erhebungsgebiet der Wochenanalyse ) mit gesamtem Erhebungsgebiet ( Tagesanalyse ) in Bezug auf Verteilung nach Herkunft der Autos ( nach Sektoren[1] und Abstandszonen )

* Bedeutung der Zahlen: Siehe Text (unterster Abschnitt dieser S.)

| nach Herkunfts-sektoren | | Donnerstag R 2 | Donnerstag R 5 | Donnerstag R 8 |
|---|---|---|---|---|
| | Nord | 1,05* | 1,03* | 1,10* |
| | Ost | 1,00 | 1,04 | 1,08 |
| | Süd | 1,00 | 0,94 | 0,93 |
| | West | 0,95 | 1,06 | 0,95 |
| nach Herkunfts-Zeitabstandszonen[2] ( in Min.) | | | | |
| | 0 - 10 | 1,00 | 1,03 | 1,05 |
| | 11 - 20 | 1,11 | 1,18 | 1,06 |
| | 21 - 30 | 1,00 | 0,9 | 0,87 |
| | über 30 | 0,89 | 0,89 | 0,85 |

hebung untervertreten. Dies kann dadurch erklärt werden, dass am Nordrand der City ein grosser Parkplatz liegt (Bushof), der viele Autos von Citybesuchern aus dem Nordsektor aufnimmt. Bei der reduzierten Erhebung (nur fünf Parkplätze), die diesen Randparkplatz nicht berücksichtigt, ist deshalb der Wert für die Besucher aus dem Nordsektor etwas zu klein.

Dank dieses Vergleichs (fünf Parkplätze/ alle Zentrumsparkplätze) konnten nun die auf den reduzierten Registrierrundgängen der Wochenanalysen ermittelten Werte mit einem entsprechenden, in Fig. 13 enthaltenen Faktor korrigiert werden.

1 Gliederung nach Sektoren siehe nächste Seite .
2 PKW - Zeitabstand: Definition siehe S.37 (2.2.5.6.) .

Nachfolgend sind noch die vier in Fig. 13 verwendeten Sektoren[1](Einteilung nach Zufahrt zur City) dargestellt:

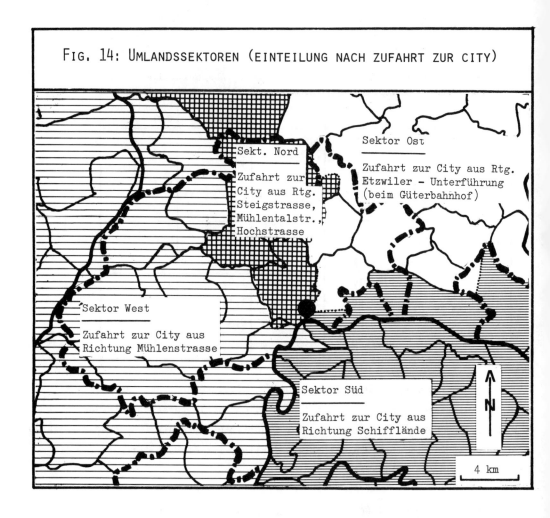

FIG. 14: UMLANDSSEKTOREN (EINTEILUNG NACH ZUFAHRT ZUR CITY)

Sekt. Nord

Zufahrt zur City aus Rtg. Steigstrasse, Mühlentalstr., Hochstrasse

Sektor Ost

Zufahrt zur City aus Rtg. Etzwiler - Unterführung (beim Güterbahnhof)

Sektor West

Zufahrt zur City aus Richtung Mühlenstrasse

Sektor Süd

Zufahrt zur City aus Richtung Schifflände

4 km

---

1 Die vier Sektoren wurden gebildet nach dem Kriterium der Zufahrt zur City. Die Schaffhauser City kann von vier Seiten erreicht werden: 1. von Norden (Steigstrasse, Mühlentalstrasse, Hochstrasse) 2. von Osten (Etzwiler Unterführung beim Güterbahnhof) 3. von Süden (Schifflände) 4. von Westen (Mühlenstrasse). Für den in Fig. 13 durchgeführten Vergleich wurden die Zähleinheiten (Gemeindeteile, Gemeinden und Gemeindegruppen) einem dieser vier Sektoren zugeordnet. Obenstehende Karte zeigt vereinfacht diese Zuordnung.
Die hier verwendeten Sektoren haben nichts mit den Umlandssektoren des Kap. 2.3.2.1.2. zu tun. Für die Identifikation der Gemeinden (resp. Gemeindegruppen) siehe Fig. 24, S. 64 und Legende S. 65. Im Nahbereich gehören die Quartiere 4, 7-13 zum Sektor Nord, 14-19 zum Sektor Ost, 20-25 zum Sektor Süd, 1-3 und 5/6 zum Sektor West (vergl. Karte S. 74 und Legende S. 75 oben).

Zur Frage 2

Bei dieser Frage ging es um die Grösse des Verlustes, bedingt durch die Beschränkung der Registrierrundgänge auf fünf Parkplätze. Mit Hilfe der Daten der Tagesanalysen (bei denen alle Zentrumsparkplätze erfasst wurden) konnte dieser Verlust ermittelt werden.

| Fig. 15: Vergleich der innern fünf Zentrumsparkplätze (Erhebungsgebiet der Wochenanalyse) mit dem gesamten Erhebungsgebiet (Tagesanalyse) in Bezug auf die Anzahl parkierter Autos | | |
|---|---|---|
| Donnerstag R 2 $1,83^1$ | Donnerstag R 5 $2,15^1$ | Donnerstag R 8 $2,25^1$ |

Zur Frage 3 und 4

Hier ging es um die Verringerung der Zahl der Registrierrundgänge von zehn bei den Tagesanalysen auf täglich drei bei der Wochenanalyse.

Auch diese Frage konnte mit Hilfe der Donnerstag - Tagesanalyse geklärt werden, indem hier die Besucherzahl von Rundgang 2 + 5 + 8 mit dem Citybesucher - Tagestotal verglichen wurde. Dieser Vergleich ergibt jedoch nur dann einen für die weitern Berechnungen brauchbaren Wert, wenn die Frage 4 (S. 44) positiv beantwortet werden kann. Tatsächlich ergibt sich ± die selbe Verteilung auf die einzelnen Abstandszonen, ob wir nun das Tagestotal der Citybesucher oder die Summe der Rundgänge 2,5 und 8 betrachten. Oder anders ausgedrückt: Die Summe der drei Registrierrundgänge ergibt ein nur quantitiv verkleinertes Bild der Beziehungsintensitäten zwischen City und Umlandgemeinden.

In diesem Zusammenhang musste noch ein weiteres Detail geklärt werden. Nämlich, ob bei der Summierung der drei Runden auch Mehrfachzählungen (vergleiche Abs. 2.2.5.5.) vorkommen und damit berücksichtigt werden müssen. Auswertungen der

---

1 Mit diesem Faktor muss die Zahl der Autos auf den innern fünf Parkplätzen multipliziert werden, um die Zahl der Autos auf allen Cityparkplätzen zu erhalten.

Daten der Tagesanalysen ergaben, dass der Anteil der Doppelzählungen[1] hier
unter 1 % des Totals liegt und damit vernachlässigt werden kann.


Fig. 16: Verteilung auf Abstandszonen (R 2 + R 5 + R 8 / Tagestotal)

| Zeitabstand zur City | | Anteil (%) am Total aller Abstandszonen | |
|---|---|---|---|
| | | Summe R 2 + R 5 + R 8 | Tagestotal |
| 0-20 Min. | Fussgängerabstand (Nahber.) | 24,8 | 24,8 |
| 21-30 Min. | | 35,3 | 35,1 |
| > 30 Min. | | 9,4 | 9,3 |
| 11-20 Min. | PKW Zeitabstand | 12,2 | 12,1 |
| > 20 Min. | | 18,4 | 18,7 |
| | | 100 | 100 |


Um die Tagesbesucherwerte zu erhalten, konnte ich also lediglich die Summe
der Runden 2, 5 und 8 mit einem Faktor 1,902 multiplizieren (Faktor wurde
mit Hilfe der Donnerstag - Tagesanalyse ermittelt).



Zusammenfassung: Berechnung der wöchentlichen Besucherwerte (Citybesucher)
                 und der wöchentlichen Beziehungsintensität
───────────────────────────────────────────────────────────────────────

Auf den Daten meiner Tages-und Wochenanalysen basierend, wurden die wöchentlichen
Citybesucherzahlen aus den einzelnen Umlandsgemeinden (resp. Gemeindeteilen
oder Gemeindegruppen) berechnet.


Die Montag - Samstag - Besucherzahl[2] setzt sich aus dem Montag - Freitag Wert
und dem aus der Samstag - Tagesanalyse gewonnenen samstäglichen Besucherwert
zusammen. Der Montag - Freitag Besucherwert basiert auf zwei verschiedenen
Datensätzen:

> a. Citybesucherzahl, aus den beiden Wochenregistrierungen be-
>    rechnet und gemittelt.
> b. Citybesucher - Tagestotal der Donnerstag - 10 Runden - Erhebung,
>    mit einem entsprechenden Faktor auf Montag - Freitag[3] umgerechnet.

────────────────────────────────────────────────────────────────────────
1 Doppelzählungen = Autos, die auf R 2 und R 5, resp. R 5 und R 8 erfasst werden
                    und dazwischen immer in der City blieben .
2 Der Sonntag wurde nicht berücksichtigt aus Gründen, die später noch genannt
  werden.
3 Dieser Faktor konnte aus Wochen - und Tagesregistrierungen durch Division ermittelt werden.

Der a.- und der b.Wert beruhen auf etwa gleich viel ausgezählten Autos, die Sicherheit ist also bei beiden Datensätzen etwa gleich gross. Beim zweiten Datensatz (basierend auf Donnerstag - Tagesanalyse) können aber tagesbedingte Zufälligkeiten (z. Bsp. spezielle Anlässe in der City oder in einer Umlandsgemeinde) eine grössere Rolle spielen, deshalb wurde dieser Datensatz nur halb so stark gewichtet wie der unter a. genannte.

### 2.2.8. Berechnung der Citybesucherzahlen und der Beziehungsintensität des deutschen Umlandes

Beim deutschen Umland stellten sich folgende zwei Probleme:

1. In Deutschland existieren keine gedruckten Autonummernverzeichnisse wie in der Schweiz, sondern nur Hängekarteien in den Kraftfahrzeugzulassungsstellen der Landeskreis - Hauptorte. Grund: In Deutschland bleiben bei einem Halterwechsel die Autonummern beim Auto[1]. Dieses System verhindert gedruckte Autonummernverzeichnisse, da solche allzu schnell veraltet wären. Die Hängekarteien durften nicht eingesehen werden, da auf einzelnen Karten auch Verkehrsdelikte eingetragen sind[2].

   Die die Schaffhauser City besuchenden motorisierten Deutschen konnten deshalb nur nach Landkreisen geordnet werden. Nur in zwei Ausnahmefällen war noch eine präzisere Lokalisierung möglich:
   a. Büsinger Automobilisten (Landkreis Konstanz) haben besondere Autonummernschilder.
   b. Im Landkreis Konstanz kann man auf Grund der Buchstaben/Zahlen Konstellation des Nummernschildes erkennen, ob das Auto aus Singen und Umgebung oder Konstanz und Umgebung kommt[3].

2. Die auf Grund der von der Hochschule St.Gallen erhaltenen Daten berechnete Verteilung der Citybesucher auf die verschiedenen Verkehrsmittel gilt nur für das schweizerische Umland von Schaffhausen.

---

1 Auskünfte ADAC Singen und Kraftfahrzeugzulassungsstelle Singen.
2 Auskünfte Landratsamt Waldshut und Polizeiposten Singen.
3 Gemäss Auskunft der Kraftfahrzeugzulassungsstelle Singen.

Zum Problem 1
_____

Um die an sich nur auf die Landkreise (in Ausnahmefällen Landkreisteile)
beziehbaren Besucherzahlen aus Deutschland doch noch auf die einzelnen Gemeinden aufteilen zu können (wenn auch nur als Annäherungslösung), ging ich
wie folgt vor:

Auf dem Büro für Kleingrenzverkehr (Fremdenpolizei Schaffhausen)[1] zählte ich
die in der Stadt Schaffhausen arbeitenden deutschen Grenzgänger[2] nach ihrer
deutschen Wohngemeinde aus. Danach teilte ich die Besucherzahl[3] pro Landkreis
(resp. Landkreisteil) im Verhältnis der Grenzgänger aus dem entsprechenden
Landkreis auf. Dies ergibt eine ungefähre Vorstellung über die Herkunftsver-
hältnisse der Citybesucher aus Deutschland. Dieses Vorgehen konnte gewählt
werden, da erfahrungsgemäss eine starke Korrelation zwischen Pendlern und
Citybesuchern[4] besteht.

Die so erhaltenen Resultate müssen allerdings vorsichtiger interpretiert werden als jene aus der Schweiz. Es können auch keine Aussagen über Veränderungen
der Beziehungsintensität[5] im Tages- und Wochenablauf gemacht werden.

Zum Problem 2
_____

Die Aufteilung der Citybesucher auf die verschiedenen Verkehrsmittel konnte
nur für die Schweiz berechnet werden. Diese Werte können nun aus folgenden
Gründen nicht einfach auf das deutsche Umland[6] übertragen werden:
. Da die Deutschen in der Schweiz sehr oft auch problemlose Massenware (z.Bsp.
  Lebensmittel) einkaufen, eignet sich für sie das Auto besser für den Einkauf
  in der Schweiz als die öffentlichen Verkehrsmittel ⟶ höherer Anteil des
  privaten Verkehrsmittels als in der Schweiz im entsprechenden Abstand zur
  City.

---

1 Herr Beyeler (Chef Fremdenpolizei Schaffhausen) machte mir die entsprechenden
  Unterlagen freundlicherweise zugänglich.
2 Eine tabellarische Darstellung der Ergebnisse findet sich im Anschluss an
  diesen Abschnitt (S. 52/53 ).
3 Besucher der Schaffhauser City.
4 Vergleiche Kap. 2.1.1. und Kap. 2.4. und die dortigen Literaturhinweise .
5 Die Besucher (verteilt auf die Gemeinden) wurden wie in der Schweiz auch
  auf die Einwohnerzahl bezogen.
6 Ausnahme: Büsingen. Büsingen wird wie eine Schweizer Gemeinde behandelt.

. Bei Benützung der öffentlichen Verkehrsmittel ist das Verzollen der mitge-
  brachten Ware umständlicher als mit dem Auto ⟶ höherer Anteil des priv.
  Verkehrsmittels als in der Schweiz.

. Die öffentlichen Verkehrsverbindungen Schaffhausen - deutsches Umland sind
  schlecht ⟶ hoher Anteil des privaten Verkehrsmittels.

Wegen der drei genannten Gründe wird der Anteil derjenigen, die die Schaffhauser City von Deutschland aus mit öffentlichen Verkehrsmitteln erreichen,
recht klein sein, auf jeden Fall kleiner als in der Schweiz aus dem entsprechenden Abstand. Als Schätzung wurde für die weitere Berechnung folgender Anteil
des privaten Verkehrs angenommen: Aus dem Landkreis Donaueschingen: 7/8 priv.
Verkehr (sehr schlechte öffentliche Verkehrsverbindungen nach Schaffhausen);
Landkreise Waldshut und Konstanz: 3/4 privater Verkehr (etwas bessere öffentl.
Verkehrsmittel in Richtung Schaffhausen).

Es sei zum Schluss nochmals betont, dass wegen der zwei genannten Probleme
die Besucherwerte (Citybesucher) der deutschen Gemeinden nicht die selbe
Aussagekraft haben wie bei den schweizerischen.

Auf den nächsten zwei Seiten sind noch die Grenzgänger - Auszählungen in
Tabellenform angefügt.

Fig. 17: Grenzgänger mit Arbeitsort Schaffhausen (Okt. 1974)

| Landkreis Waldshut | Grenzgänger Anzahl | in % | Einwohner |
|---|---|---|---|
| Jestetten | 248 | 40,1 | 4378 |
| Klettgau | 112 | 18,1 | 5596 |
| Lottstetten | 72 | 11,6 | 2125 |
| Stühlingen | 54 | 8,7 | 2371 |
| Eggingen | 15 | 2,4 | 1306 |
| Weizen | 15 | 2,4 | 571 |
| Tiengen | 13 | 2,1 | 8285 |
| Wutöschingen | 10 | 1,6 | 2350 |
| Dettighofen | 10 | 1,6 | 561 |
| Lauchringen | 9 | 1,5 | 5912 |
| Geisslingen | 7 | 1,1 | 687 |
| Baltersweil | 7 | 1,1 | 315 |
| Eberfingen | 6 | 1,0 | 382 |
| Horheim | 5 | 0,8 | 1267 |
| Waldshut | 4 | 0,7 | 11722 |
| Bühl | 4 | 0,7 | 314 |
| Mauchen | 4 | 0,7 | 460 |
| Berwangen | 3 | 0,5 | 147 |
| Degernau | 3 | 0,5 | 825 |
| Uehlingen | 3 | 0,5 | 1527 |
| Schwaningen | 3 | 0,5 | 333 |
| Lausheim | 3 | 0,5 | 259 |
| Lembach | 2 | 0,3 | 222 |
| Oberwangen | 2 | 0,3 | 181 |
| Albbruck | 1 | 0,2 | 4232 |
| Gurtweil | 1 | 0,2 | 1432 |

| Landkreis Waldshut Fortsetzung | Grenzgänger Anzahl | in % | Einwohner |
|---|---|---|---|
| Küssaberg | 1 | 0,2 | 3600 |
| Bechtersbohl | 1 | 0,2 | 292 |
| Hohentengen | 1 | 0,2 | 1609 |
| Aichen | 1 | 0,2 | 354 |
| Bettmaringen | 1 | 0,2 | 436 |
| Dillendorf | 1 | 0,2 | 300 |
| Total | 619 | 100 | |

| Landkreis Donaueschingen | Grenzgänger Anzahl | in % | Einwohner |
|---|---|---|---|
| Blumberg | 216 | 84,0 | 9945 |
| Fützen | 12 | 4,7 | 785 |
| Hüfingen | 9 | 3,5 | 5532 |
| Leipferdingen | 6 | 2,3 | 711 |
| Bräunlingen | 5 | 2,0 | 5565 |
| Donaueschingen | 5 | 2,0 | 16594 |
| Aulfingen | 1 | 0,4 | 529 |
| Hintschingen | 1 | 0,4 | 236 |
| Immendingen | 1 | 0,4 | 4581 |
| Stetten | 1 | 0,4 | 227 |
| Total | 257 | 100 | |

Fig. 17: Grenzgänger mit Arbeitsort Schaffhausen (Fortsetzung)

| Landkreis Konstanz | Grenzgänger Anzahl | in % | Einwohner |
|---|---|---|---|
| (Teil Singen, ohne Büsingen) | | | |
| Singen | 217 | 30,3 | 45885 |
| Gottmadingen | 83 | 11,6 | 6933 |
| Gailingen | 50 | 7,0 | 2358 |
| Rielasingen | 45 | 6,3 | 5833 |
| Bietingen | 43 | 6,0 | 1031 |
| Hilzingen | 37 | 5,2 | 4504 |
| Büsslingen | 34 | 4,8 | 986 |
| Wiechs a. R. | 32 | 4,5 | 387 |
| Radolfszell | 31 | 4,3 | 16702 |
| Randegg | 21 | 2,9 | 1246 |
| Riedheim | 20 | 2,8 | 800 |
| Tengen | 20 | 2,8 | 1565 |
| Oehningen | 18 | 2,5 | 1630 |
| Engen | 16 | 2,2 | 5459 |
| Böhringen | 8 | 1,1 | 2924 |
| Welschingen | 7 | 1,0 | 1186 |
| Worblingen | 7 | 1,0 | 2718 |
| Wangen | 5 | 0,7 | 1001 |
| Hemenhofen | 4 | 0,6 | 590 |
| Bohlingen | 3 | 0,4 | 1499 |
| Binningen | 3 | 0,4 | 615 |
| Watterdingen | 2 | 0,3 | 1071 |
| Ehingen | 2 | 0,3 | 985 |
| Mühlhausen | 2 | 0,3 | 1688 |

| Landkreis Konstanz Fortsetzung | Grenzgänger Anzahl | in % | Einwohner |
|---|---|---|---|
| Anselfingen | 1 | 0,1 | 698 |
| Neuhausen | 1 | 0,1 | 496 |
| Gaienhofen | 1 | 0,1 | 922 |
| Horn | 1 | 0,1 | 911 |
| Gundholzen | 1 | 0,1 | 216 |
| Weiler | 1 | 0,1 | 559 |
| Markelfingen | 1 | 0,1 | 1414 |
| Möggingen | 1 | 0,1 | 620 |
| Moos | 1 | 0,1 | 611 |
| Total | 719 | 100 | |

| Landkreis Konstanz | Grenzgänger Anzahl | in % | Einwohner |
|---|---|---|---|
| (Teil Konstanz) | | | |
| Konstanz | 2 | 50,0 | 65205 |
| Reichenau | 1 | 25,0 | 4588 |
| Hegne | 1 | 25,0 | 1065 |
| Total | 4 | 100 | |

## 2.3. Die Ergebnisse meiner Untersuchung

## 2.3.1. Der Tagesrhythmus der Beziehungsintensität[1]

## 2.3.1.1. Normale Arbeitstage (Montag – Freitag)

Als Beispiel eines normalen Arbeitstages wurde ein Donnerstag (23.11.1972) ausgewählt[2]. An Hand dieses Beispiels soll der tägliche Rhythmus der Beziehungsintensität in einzelnen Abstandszonen[3] aufgezeigt und interpretiert werden. Für die <u>Berechnung</u> der Werte sei auf das Kap. 2.2.6., S. 42 ff. verwiesen.

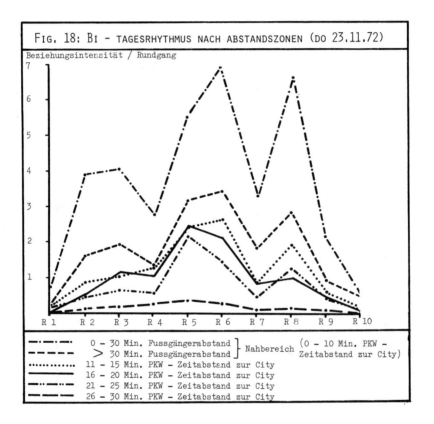

FIG. 18: BI - TAGESRHYTHMUS NACH ABSTANDSZONEN (DO 23.11.72)

---

1 Mit Beziehungen sind hier die zentralörtlichen Beziehungen zwischen City und Umland gemeint (vergleiche Kap. 2.1.2., S. 11). Ihre Intensität wird in meiner Arbeit durch die Anzahl Citybesuche erwachsener Personen/ 100 Einwohner einer Umlandsgemeinde gemessen.
2 Vergleiche Kap. 2.2.5.1 (Wahl des Zeitpunkts der Untersuchung).
3 PKW – Zeitabstand von der City, Def. siehe 2.2.5.4.1, S. 26 (Fussnote).

Interpretation von Fig. 18

Beim Betrachten von Fig. 18 fällt folgendes auf:

1. Die Beziehungsintensität weist drei Maxima auf: R 3 (10.30 - 12.30 Uhr)

   R 5+6 (14.30 - 18.30 Uhr)

   R 8 (20.30 - 22.30 Uhr)

   Die quantitative Bedeutung der drei Maxima ist jedoch nicht gleich und ändert sich zudem von Abstandszone zu Abstandszone (siehe unten).

2. In allen Abstandszonen erreicht die Beziehungsintensität am Nachmittag das Maximum des Tages. Die relative Bedeutung (im Vergleich zur Gesamttagesfrequenz) dieser Nachmittagsspitze (R 5 + R 6) ist jedoch unterschiedlich in den einzelnen Abstandszonen, d.h. je weiter weg von der City wir sind, umso grösser wird die relative Bedeutung der Nachmittagsspitze. Umgekehrtes gilt vom Morgenmaximum : Es ist in den citynächsten Umlandszonen am ausgeprägtesten. Seine Bedeutung nimmt mit zunehmender Entfernung zur City ab. Folgendes Zahlenbeispiel möge dies illustrieren:

   | Zeitabstand zur City (PKW Min.) | Anteil (%) an der Summe aller 10 Runden | |
   |---|---|---|
   | | R 3 | R 5 |
   | 0-10 Min. | 11 % | 15,5 % |
   | 11-30 Min. | 9,4 % | 25,9 % |

   Interpretation: Aus den citynächsten Zonen wird zum Teil auch der alltägliche Bedarf (Lebensmittel etc.) in der City gedeckt. Diese Art des Einkaufs fällt zur Hauptsache auf den Morgen[1] (Einkauf der Hausfrauen). Weiter weg von der City sucht man diese nur noch für Dienstleistungen höherer Ordnung auf. Diese Besorgungen grösserer Wichtigkeit werden eher am Nachmittag getätigt[1].

3. Interessant ist auch die Bedeutungsverlagerung von R 5 (14.30 - 16.30 Uhr) zu R 6 (16.30 - 18.30 Uhr), je citynähere Abstandszonen wir betrachten. Oder anders ausgedrückt: In weit von der City entfernten Abstandszonen ist R 5 bedeutender als R 6, in Citynähe umgekehrt.

---

1 Im Rahmen meiner Diplomarbeit durchgeführte Untersuchungen bestätigen dies (Gerber 1970, S. 91 u. 93).

Interpretation: . Aus citynahen Gebieten besteht die Möglichkeit, nach Arbeits-
schluss von zu Hause aus nochmals die City für Besorgungen
aufzusuchen.

. Nachmittägliche Besucher von weiter weg verlassen die City
früher, um rechtzeitig zu Hause zu sein.

4. In der Nähe der City ist die Abendspitze nicht nur absolut, sondern auch
relativ (Anteil an der Summe der 10 Rundgänge) am bedeutendsten. In weiter
von der City entfernten Umlandszonen sinkt die relative Bedeutung der Abendspitze.

Interpretation: Aus weiter entfernten Gebieten wird die City zwar am Nachmittag aufgesucht (zentralörtliche Dienste höherer Ordnung),
am Abend jedoch nur in geringem Ausmass. Oder anders ausgedrückt: Die Anziehungskraft des abendlichen Unterhaltungs-
angebots der City hat eine geringere Reichweite als diejenige
der nachmittäglich aufgesuchten Dienstleistungen.

## 2.3.1.2. Der Tagesrhythmus am Samstag (Bsp. 11.11.1972)

Vieles, was über den Donnerstag - Tagesrhythmus im vorausgegangenen Abschnitt
gesagt wurde, gilt auch für den Samstag (grössere Beziehungsintensität am Nachmittag als am Morgen / Unterschiede zwischen den einzelnen Abstandszonen).

## Interpretation von Fig. 19 (siehe nächste Seite oben)

Es sei hier vor allem auf die Unterschiede zum Donnerstag - Tagesrhythmus hingewiesen:

1. Der Morgen spielt am Samstag (obwohl immer noch kleinere Beziehungsintensität als der Nachmittag) eine grössere Rolle als am Donnerstag.

Interpretation: . Da heute der Samstagmorgen für die meisten arbeits-
frei ist, wird er häufig für den Familien - Wocheneinkauf
verwendet.

. Am Samstag schliessen die Geschäfte bereits um 17.00 Uhr
----$\Rightarrow$ geringere Nachmittagsfrequenzen.

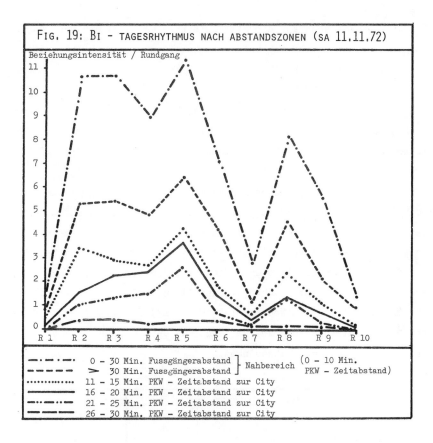

FIG. 19: BI - TAGESRHYTHMUS NACH ABSTANDSZONEN (SA 11.11.72)

Beziehungsintensität / Rundgang

| | |
|---|---|
| —·—·—· | 0 - 30 Min. Fussgängerabstand ⎤ Nahbereich (0 - 10 Min. |
| —————— | ＞ 30 Min. Fussgängerabstand ⎦ PKW - Zeitabstand) |
| ·········· | 11 - 15 Min. PKW - Zeitabstand zur City |
| ·········· | 16 - 20 Min. PKW - Zeitabstand zur City |
| —··—··— | 21 - 25 Min. PKW - Zeitabstand zur City |
| —————— | 26 - 30 Min. PKW - Zeitabstand zur City |

2. Am Nachmittag sinkt die Beziehungsintensität früher ab als am Donnerstag,
   R 6 (16.30 - 18.30 Uhr) weist schon recht tiefe Werte auf. Grund: Ladenschluss an Samstagen um 17.00 Uhr.

3. Bedingt durch den frühern Ladenschluss, ist der R 7 Tiefstand (18.30-20.30
   Uhr; zwischen Nachmittag- und Abendfrequenzen) viel ausgeprägter als am
   Donnerstag und auch wesentlich markanter als der an Samstagen nur geringe
   Rückgang der Beziehungsintensität in R 4 (über Mittag).

   Interpretation: Der R 4 - Rückgang ist an Samstagen nur gering, weil aus
                   Gründen der Parkplatzknappheit an Samstagen der Einkauf

oft auch auf die Mittagszeit gelegt wird und weil Besucher
von weiter weg an Samstagen allenfalls auch über Mittag in
der City bleiben.

4. Die Abendaktivitäten in der City halten am Samstag länger an (am Donnerstag
weist R 9 (22.30 - 24.30 Uhr) bereits wieder einen recht niedrigen Wert der
Beziehungsintensität auf). Grund: Ausschlafmöglichkeit am Sonntag[1].

5. Der Unterschied in der Beziehungsintensität ist in den nahen (nahe in Bezug
zur City) Abstandszonen grösser als in entfernteren Umlandszonen. Ganz weit
entfernte Zonen (ausserhalb des Umlandes von Schaffhausen) zeigen aller-
dings wieder einen grossen Unterschied zwischen Donnerstag und Samstag.
In der folgenden Tabelle wird dies noch etwas besser veranschaulicht:
In den nahen Umlandszonen machen die Anteile der "Montag bis Freitag" -
Besucherzahlen (Anteil am Wochentotal (Mo - Sa)) ca. 68 % aus. Im fernern
Umland steigen sie bis 76 % an, um dann (aus Gebieten ausserhalb des normalen
Umlandes) wieder auf 68 % abzusinken.

Fig. 20: Citybesucherzahlen

| Zeitabstand zur City | Anzahl Citybesucher | | Anteil (%) der Mo-Fr |
|---|---|---|---|
| | Mo-Fr | Mo-Sa | Besucher am Wochentot. |
| 0-20 Fussgängermin. | 19499 | 28285 | 68,9 |
| 21-30 Fussgängermin. | 28389 | 41569 | 68,3 |
| 30 Fussgängermin. | 8294 | 12064 | 68,7 |
| 11-15 PKW Min. | 6638 | 9416 | 70,5 |
| 16-20 PKW Min. | 3495 | 4572 | 76,5 |
| 21-25 PKW Min. | 4964 | 6934 | 71,6 |
| 26-30 PKW Min. | 738 | 1098 | 67,3 |
| 31-35 PKW Min. | 1664 | 2553 | 65,2 |
| 35 PKW Min. | 9065 | 13369 | 67,8 |

Interpretation: . In der Nähe der City spielt diese auch eine Rolle zur
Deckung des kurzfristigen Bedarfs[2]. Dieser wird heute
in vielen Familien im Rahmen eines samstäglichen Wochen-
einkaufs gedeckt. Moderne Einkaufsgewohnheiten,
Frauenarbeit (beides ist in den nahen Umlandzonen stärker
verbreitet) bewirken ebenfalls eine grössere Belastung
des Samstags.

1 Dies stellte ich bereits bei anders gearteten Untersuchungen im Rahmen meiner
Diplomarbeit fest (vergl. Gerber 1970, S. 129).
2 Das Einzugsgebiet eines Supermarkts reicht etwa 3-4 km (vergl. Knecht 1973,
S.91).

. Aus weiter entfernten Umlandszonen ist der Anteil der samstäglichen Citybesucher (Anteil am Wochentotal (Mo - Sa)) kleiner. Dies vielleicht deshalb, weil von weiter weg vor allem höhere zentralörtliche Dienstleistungsbetriebe in der City in Anspruch genommen werden. Diese haben aber am Samstag zum Teil nicht geöffnet (z.B. Banken und Behörden).

. Von sehr weit weg (von ausserhalb des normalen Einzugsgebietes) kommen meist nur zufällige Besucher, die die Schaffhauser City aus den verschiedensten Motiven besuchen. Bei ihnen ist naturgemäss der Samstagsanteil wieder grösser (arbeitsfreier Tag).

## 2.3.1.3. Unterschiedlicher Tagesrhythmus (Vergleich Donnerstag / Samstag) in einzelnen Quartieren des Nahbereichs der Schaffhauser City[1]

Für die einzelnen Quartiere kann nicht mehr bis auf das Niveau der einzelnen Runden (nur zwei Stunden) hinuntergegangen werden, da sonst (bei Herausgreifen so kleiner Zeiteinheiten) Zufälligkeiten eine zu grosse Rolle zu spielen beginnen. Immerhin: Wenn wir die Morgenrunden (R 1 - R 3), die Nachmittagsrunden (R 4 - R 6) und die Abendrunden (R 7 - R 10) betrachten, können wir einige Schlussfolgerungen über den Tagesrhythmus in einzelnen Quartieren[2] machen:

1. Zähleinheiten (Quartiere) mit hohem Fremdarbeiteranteil (Bsp. Mühlental,Q 11)[3] zeigen einen eigenen, charakteristischen Tagesrhythmus, der sich von demjenigen der andern Quartiere unterscheidet.

| Fig. 21: BI - Vergleich Q8/11 (Mühlental/ Hohlenbaum) | Beziehungsintensität | | | | | |
|---|---|---|---|---|---|---|
| | Donnerstag | | | Samstag | | |
| | Morgen R 1-3 | Nachmittag R 4-6 | Abend R 7-10 | Morgen R 1-3 | Nachmittag R 4-6 | Abend R 7-10 |
| Quartier 11 (Mühlental) | 5,1 | 12,4 | 5,9 | 19,7 | 27,4 | 13,9 |
| Quartier 8 (Hohlenbaum) | 7,7 | 13,2 | 7 | 19,7 | 21 | 10,1 |

1 Definition des Nahbereichs siehe Seite 36 (Fussnote).
2 Einteilung des Nahbereichs in Zähleinheiten (Quartiere) siehe S. 74 und S.105.
3 Vergleiche Anhang S. 109.

Als Unterschied zwischen den beiden Quartieren fällt auf, dass in jenem mit hohem Gastarbeiteranteil die morgendliche Beziehungsintensität unterdurchschnittlich klein ist. Am Nachmittag ist sie dafür höher. Auffallend ist auch der grosse Unterschied Do/Sa im Quartier 11, ebenso der hohe Abendwert am Samstag. Diese Unterschiede lassen sich gut mit der speziellen Altersstruktur der Gastarbeiter (vor allem Männer im Alter zwischen 20 und 40 Jahren) und mit den etwas andersartigen Einkaufs-, Freizeit- und Lebensgewohnheiten der Fremdarbeiter erklären.

2. Quartiere mit einer schlechten Ausstattung mit Läden (vor allem Mangel an Lebensmittelgeschäften) weisen nicht nur im Tages- oder Wochentotal eine höhere Beziehungsintensität zur City[1] auf, auch der Tagesrhythmus der Beziehungsintensität ist etwas anders als in Quartieren mit besserer Eigenausstattung (z.Bsp. eigenem Supermarkt).

| Fig. 22: BI - Vergleich Q 16/17 | Beziehungsintensität | |
|---|---|---|
| | Samstagmorgen R 1-3 | Samstagnachmittag R 4-6 |
| Quartier 16 (Gruben) | 31,6 | 31,7 |
| Quartier 17 (Niklausen) | 14,5 | 28,7 |

Die morgendliche Beziehungsintensität in Quartieren mit wenig eigenen Läden (z. Bsp. Q 16, Grubenquartier) ist höher als im Vergleichsquartier mit eigenem Supermarkt (Q 17, Niklausenquartier). Dies vermutlich deshalb, weil die morgendlichen Lebensmitteleinkäufe vom Grubenquartier aus in der City getätigt werden müssen. Am Nachmittag hingegen haben beide Quartiere eine etwa gleich hohe Beziehungsintensität (für die Inanspruchnahme speziellerer Dienstleistungen muss auch vom Niklausenquartier aus die City aufgesucht werden). Dieser Unterschied gilt vor allem für den Samstag.

---

1 Vergleiche Kap. 2.3.1.5. , S. 75.

Das unter 2. für zwei Schaffhauser Quartiere Gesagte lässt sich auch auf die Neuhauser Quartiere übertragen, und zwar in dem Sinne, dass in den Neuhauser Quartieren die morgendliche Beziehungsintensität verhältnismässig tief liegt (Lebensmitteleinkäufe in den Neuhauser Geschäften).

Zum Schluss dieses Abschnitts sei nochmals erwähnt, dass weitere Untersuchungen nötig wären, um den Tagesrhythmus auf Quartiersebene detailliert zu erhalten. Die vorliegenden Daten zeigen jedoch, in welche Richtung weiter untersucht werden müsste.

## 2.3.2. Die wöchentliche und die tägliche Beziehungsintensität

### 2.3.2.1 Die wöchentliche Beziehungsintensität (Montag - Samstag)

#### 2.3.2.1.1. Einleitung

Die Zusammensetzung und Berechnung dieses Wertes (wöchentliche Beziehungs-intensität (BI)) kann unter 2.2.7., S.43 nachgelesen werden.

Der Sonntag wurde in meiner Autonummern - Registrierung zwar miterfasst. Es zeigte sich bei der Auswertung jedoch, dass ein sonntäglicher Citybesuch in erster Linie in Zusammenhang mit dem überregionalen Ausflugsverkehr zu sehen ist (vor allem am Sonntagnachmittag). Zudem sind die sonntäglichen Werte natur-gemäss starken Schwankungen unterworfen (Wetter, Spezialanlässe etc.). Für die Zielsetzung meiner Arbeit spielt er deshalb keine oder doch mindestens eine nur untergeordnete Rolle. Für den Wert der wöchentlichen Beziehungsintensität wurden deshalb die Sonntagswerte nicht mitverwendet, d.h. der Wochenwert umfasst die Zeitspanne von Montag bis Samstag.

#### 2.3.2.1.2. Einteilung des Umlandes in Sektoren

Bei der wöchentlichen Beziehungsintensität interessierte vor allem die Frage, wie die Beziehungsintensität mit zunehmendem Abstand der Umlandsgemeinden zur City abnimmt und ob diese Abnahme in verschiedenen Sektoren des Umlandes gleich erfolgt oder nicht.

Es wurden vorerst sechs Umlandsektoren unterschieden, nämlich Klettgau, Nordost (Richtung Bargen, Reiat, Thayngen), Untersee, Frauenfeld, Winterthur und Rafzerfeld / Bülach.

In einem Koordinatennetz wurde auf der y - Achse der BI - Wert einer Zähleinheit (Gemeindeteil, Gemeinde, Gemeindegruppe), auf der x - Achse der Abstand zur City (resp. Zeitabstand zur citynächsten Zähleinheit[1]) eingetragen. Dabei zeigte es sich, dass verschiedene der oben genannten Sektoren zu einem zusammengefasst werden konnten, da sie etwa die selbe Abnahme der Beziehungsintensität nach aussen zeigten. Die Zahl der Sektoren konnte so auf die Hälfte reduziert werden. Es blieben folgende Sektoren:

1. Sektor Landesgrenze (ehemalige Sektoren Klettgau + Nordost)
2. Sektor Rhein     (ehemalige Sektoren Untersee + Rafzerfeld)
3. Sektor Süd (ehemalige Sektoren Frauenfeld + Winterthur)

Auf Seite 64 oben ist diese Einteilung in drei Sektoren[2] kartographisch dargestellt.

Im Laufe der weitern Auswertung konnte dann gesehen werden, dass die BI in den drei Sektoren unterschiedlich schnell abnimmt, und zwar nicht linear, sondern zuerst (d.h. in der Nähe der City) schnell, weiter von der City weg langsamer. Ich versuchte nun, diese nach Sektoren unterschiedlich schnelle, nichtlineare Abnahme mit Hilfe eines mathematischen Modells[3] darzustellen.

---

1 Genaue Definition der Einheiten der x - Achse siehe S. 66 und 102.
2 Diese Sektoren sind nicht zu verwechseln mit den Sektoren, die wir im Kap. 2.2.7. im Zusammenhang mit einer andern Fragestellung verwendeten.
3 Einen Ueberblick über die Anwendungsmöglichkeiten mathematischer Modelle gibt Boudon (1973) in seinem Buch: Mathematische Modelle und Methoden.

## 2.3.2.1.3. Modellhafte Darstellung der Abnahme der Beziehungsintensität

Die Anordnung der Punkte und auch theoretische Ueberlegungen[1] wiesen auf eine
Exponentialkurve der Form $y = a\,e^{-bx}$ hin. Um eine Regressionsgerade durch den
Puncteschwarm hindurchlegen zu können, musste ich die Exponentialkurve
zuerst rektifizieren. Dies ist bei der vorliegenden Funktion ($y = a\,e^{-bx}$) möglich durch logarithmieren ----> $\log y = \log a - bx$. In dieser Form entspricht
die Funktion einer Geradengleichung ($y = a + bx$). Graphisch bedeutet das, dass
wir einfach logarithmisches Papier verwenden. Anstatt die y - Werte  haben wir
nun in der y- Achsenrichtung die log y Werte[2]. Durch diese log y - Werte kann
nun eine Regressionsgerade gelegt werden (nach dem Prinzip, dass die Summe
der quadrierten Abstände zur Regressionsgeraden ein Minimum bilden muss).

Es stellte sich noch die Frage, ob zur Berechnung der Regressionsgeraden[3] alle
Punkte gleich zu gewichten seien, da ein Punkt sowohl ein entferntes Dorf,
das wenig Citybesucher aufweist, als auch einen einen citynah gelegenen Nahbereichs-
teil (mit vielen Citybesuchern) repräsentieren kann. Der y- Wert des kleinen
Dorfes (= Beziehungsintensität) wird mit mehr Zufälligkeiten und Unsicherheiten
behaftet sein. Deshalb wurden die Punkte gewichtet, und zwar mit der Quadrat-
wurzel aus der Besucherzahl, die hinter den einzelnen Punkten steht[4].

Auf den folgenden Seiten sind die Ergebnisse für die Wochenwerte (wöchentliche
Beziehungsintensität (Mo - Sa)) abgebildet, zuerst in Kartenform, nachher die
einzelnen Sektoren in Diagrammdarstellung. Am Schluss folgt ein Vergleich
der drei Sektoren (Diagramm). Die Interpretation findet sich nach den Seiten
mit den Abbildungen.

---

1 Pfaffenberger und Wiegert (1965) kamen auf Grund von empirischen Untersuchungen zu einem ähnlichen Funktionstyp. Hinweise finden sich auch in
   Knecht 1973, S. 134 ff. Zu Dank bin ich auch Herrn H. Dreyer (Physiker),
   der mich in dieser Angelegenheit beraten hat, verpflichtet.
2 Vergl. Fig. 25 - 27, S. 66 - 68.
3 Hinweise zur Berechnung von Regressionsgeraden finden sich in Wallis 1960,
   S.442 ff ;Kellerer 1960, S. 167; Swoboda 1971, S. 239 ff. und Gellert 1969,
   S.670/71.
4 Laut Auskunft von Dr. G. Wulff, Physiker, Trübbach (bei Verdoppelung der
   Zahl ist der Fehler $\sqrt{2}$ mal kleiner).

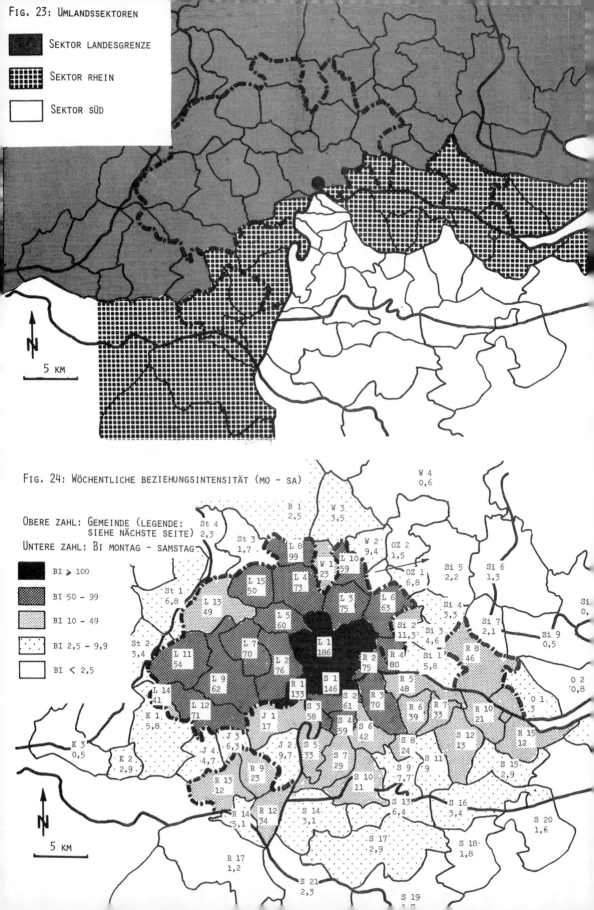

FIG. 23: UMLANDSSEKTOREN

SEKTOR LANDESGRENZE

SEKTOR RHEIN

SEKTOR SÜD

N

5 KM

FIG. 24: WÖCHENTLICHE BEZIEHUNGSINTENSITÄT (MO - SA)

OBERE ZAHL: GEMEINDE (LEGENDE:
SIEHE NÄCHSTE SEITE)
UNTERE ZAHL: BI MONTAG - SAMSTAG

BI ⩾ 100

BI 50 - 99

BI 10 - 49

BI 2,5 - 9,9

BI < 2,5

N

5 KM

W 4
0,6

B 1
2,5

W 3
3,5

St 4
2,3

St 3
1,7

L 8
99

W 2
9,4

OZ 2
1,5

W 1
23

L 10
59

Si 5
2,2

Si 6
1,3

St 1
6,8

L 13
49

L 15
50

L 4
73

OZ 1
6,8

L 3
75

L 6
63

Si 4
3,3

Si 7
2,1

Si 9
0,5

L 5
60

Si 2
11,3

Si 3
4,6

Si 1
5,8

Si
0,

L 7
70

L 1
186

R 2
75

R 4
80

R 8
46

St 2
3,4

L 11
54

L 2
76

R 5
48

O 2
0,8

L 9
62

R 1
133

S 1
146

R 3
70

R 6
39

R 7
33

R 10
21

O 1
3

L 14
41

L 12
71

S 3
58

S 2
61

S 4
59

R 15
12

K 1
5,8

J 1
17

S 6
42

S 8
24

S 12
13

S 15
2,9

K 3
0,5

J 3
6,3

J 2
9,7

S 5
33

S 11
9

K 2
2,9

J 4
4,7

R 9
23

S 7
29

S 9
7,7

R 13
12

S 10
11

S 13
6,4

S 16
3,4

S 20
1,6

R 14
5,1

R 12
34

S 14
3,1

S 17
2,9

S 18
1,8

R 17
1,2

S 21
2,3

S 19

Legende zu Fig. 24

## Sektor Landesgrenze

L 1 Nahbereich: Quartiere 2,4,7-19[1]

L 2 Beringen

L 3 Lohn und Büttenhart, Stetten

L 4 Merishausen

L 5 Hemmental

L 6 Thayngen

L 7 Siblingen und Löhningen

L 8 Bargen

L 9 Neunkirch und Gächlingen

L 10 Bibern und Opfertshofen, Hofen, Altdorf

L 11 Hallau und Oberhallau

L 12 Wilchingen und Osterfingen

L 13 Schleitheim

L 14 Trasadingen

L 15 Beggingen

## Sektor Rhein

R 1 Nahbereich: Quartiere 1, 3, 5, 20, 21, 22, 25 [1]

R 2 Büsingen

R 3 Schlatt

R 4 Dörflingen

R 5 Diessenhofen

R 6 Basadingen

R 7 Schlattingen

R 8 Ramsen und Buch, Hemishofen

R 9 Rafz

R 10 Kaltenbach und Wagenhausen Rheinklingen

R 11 Stein am Rhein

R 12 Rüdlingen und Buchberg

R 13 Wil und Hüntwangen, Wasterkingen

R 14 Eglisau

R 15 Eschenz und Mammern

R 16 Steckborn und Gündelhart, Berlingen, Salen - Reutenen

R 17 Bülach und Glattfelden, Weiach Stadel, Hochfelden

## Sektor Süd

S 1 Nahbereich: Quartiere 6, 23, 24[1]

S 2 Uhwiesen

S 3 Dachsen

S 4 Benken

S 5 Rheinau

S 6 Trüllikon

S 7 Marthalen

S 8 Truttikon

S 9 Ossingen

S 10 Gross- und Kleinandelfingen

S 11 Waltalingen und Oberneunforn

S 12 Unter- und Oberstammheim

S 13 Thalheim und Humlikon, Adlikon

S 14 Flaach und Volken, Dorf, Buch

S 15 Hüttwilen und Nussbaumen

S 16 Altikon und Niderneunforn, Wilen, Uerschhausen, Uesslingen

S 17 Neftenbach und Buch, Henggart Hettlingen, Dägerlen, Dinhart

S 18 Wiesendangen und Rickenbach, Ellikon

S 19 Winterthur

S 20 Frauenfeld

S 21 Embrach und Rorbas, Freienstein, Dättlikon, Pfungen, Oberembrach

Deutschland: Namen der deutschen

Gemeinden siehe Seite 110/111 .

1 Namen der Quartiere siehe Seite 75 .

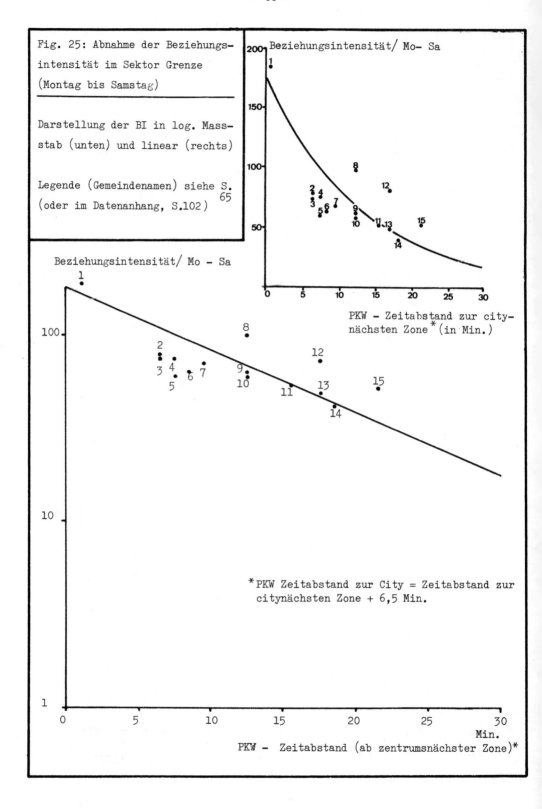

Fig. 25: Abnahme der Beziehungsintensität im Sektor Grenze
(Montag bis Samstag)

Darstellung der BI in log. Massstab (unten) und linear (rechts)

Legende (Gemeindenamen) siehe S. 65
(oder im Datenanhang, S.102)

Beziehungsintensität/ Mo- Sa

PKW - Zeitabstand zur citynächsten Zone* (in Min.)

Beziehungsintensität/ Mo - Sa

*PKW Zeitabstand zur City = Zeitabstand zur
citynächsten Zone + 6,5 Min.

Min.
PKW - Zeitabstand (ab zentrumsnächster Zone)*

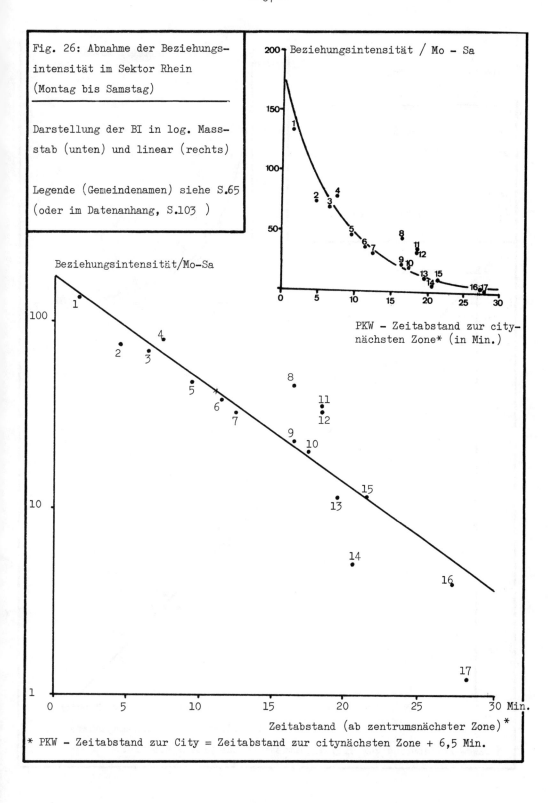

Fig. 26: Abnahme der Beziehungsintensität im Sektor Rhein
(Montag bis Samstag)

Darstellung der BI in log. Massstab (unten) und linear (rechts)

Legende (Gemeindenamen) siehe S.65
(oder im Datenanhang, S.103 )

Beziehungsintensität / Mo – Sa

PKW – Zeitabstand zur citynächsten Zone* (in Min.)

Beziehungsintensität/Mo–Sa

Zeitabstand (ab zentrumsnächster Zone)*

* PKW – Zeitabstand zur City = Zeitabstand zur citynächsten Zone + 6,5 Min.

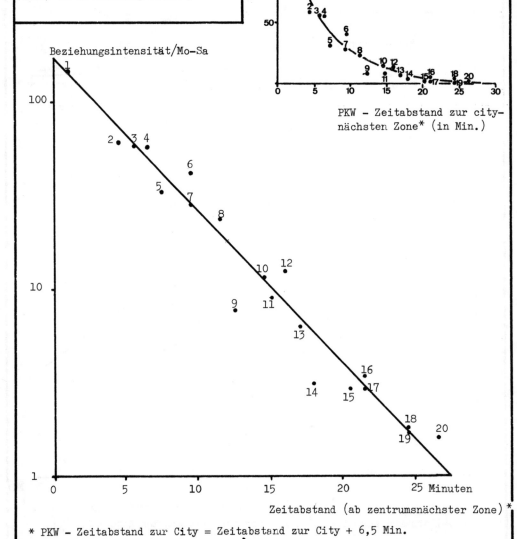

Fig. 27: Abnahme der Beziehungsintensität im Sektor Süd
(Montag bis Samstag)

Beziehungsintensität in log. Massstab (unten) und linear (rechts)

Legende (Gemeindenamen) siehe S. 65
(oder im Datenanhang S. 104 )

Beziehungsintensität / Mo-Sa

PKW - Zeitabstand zur citynächsten Zone* (in Min.)

Beziehungsintensität/Mo-Sa

Zeitabstand (ab zentrumsnächster Zone) *

* PKW - Zeitabstand zur City = Zeitabstand zur City + 6,5 Min.

Fig. 28: Abnahme der Beziehungsintensität (Mo - Sa)
Vergleich der drei Sektoren

Beziehungsintensität in log. Massstab (unten) und linear (rechts)

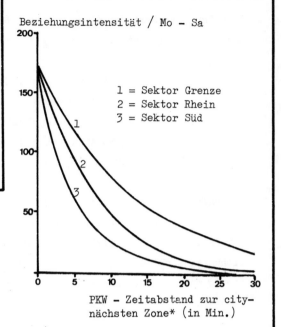

Beziehungsintensität / Mo - Sa

1 = Sektor Grenze
2 = Sektor Rhein
3 = Sektor Süd

PKW - Zeitabstand zur citynächsten Zone* (in Min.)

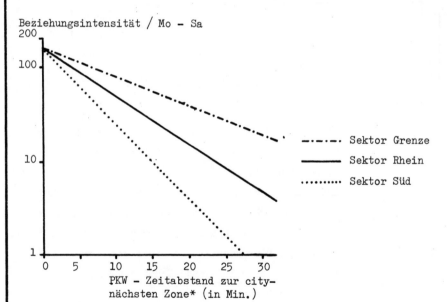

Beziehungsintensität / Mo - Sa

—..—..— Sektor Grenze

———— Sektor Rhein

............ Sektor Süd

PKW - Zeitabstand zur citynächsten Zone* (in Min.)

* PKW - Zeitabstand zur City = Zeitabstand zur citynächsten Zone + 6,5 Min.

2.3.2.1.4. Interpretation des Modells (Ergebnisse Beziehungsintensität Mo - Sa)

1. In allen drei Sektoren nimmt die Beziehungsintensität exponentiell ab, das heisst, die prozentuale Abnahme / Abstandseinheit bleibt sich gleich.

> Interpretation: Je weiter weg von der City wir kommen, umso weniger Leute entschliessen sich zu einem Citybesuch. Die zu überwindende Distanz wirkt als Hemmungsfaktor für Citybesuche, und zwar ist dieser Hemmungseffekt / Abstandseinheit immer gleich gross.

2. Die Halbwerts - Zeitdistanz ist in den verschiedenen Sektoren nicht gleich gross (mit Halbwerts - Zeitdistanz sei die Distanz (gemessen in PKW - Min.) gemeint, die ich in cityfugaler Richtung zurücklegen muss, bis die Beziehungsintensität nur noch halb so gross ist[1]). Nachfolgend seien nochmals die Formeln für die Exponentialkurven in den drei Sektoren (und die dazugehörende Halbwerts - Zeitdistanz) zusammengestellt:

Fig. 29

| | | | | |
|---|---|---|---|---|
| Montag-Samstag | Sektor Grenze | $BI = 173,4 \; e^{-\frac{x}{13,1}}$ | Halbwertszeitdistanz: | 9,1 Min. |
| | Sektor Rhein | $BI = 175,8 \; e^{-\frac{x}{8}}$ | Halbwertszeitdistanz: | 5,6 Min. |
| | Sektor Süd | $BI = 172,2 \; e^{-\frac{x}{5,3}}$ | Halbwertszeitdistanz: | 3,7 Min. |

Sektor Landesgrenze[2]: Die Distanz zur Grenze ist zu gering für die Ausbildung weiterer Zentren mit überlokalem Einzugsgebiet. Es gibt keine Alternative zu Schaffhausen als städtischem Zentrum. Die Abnahme der Beziehungsintensität ist hier am geringsten, resp. die Halbwerts - Zeitdistanz am grössten. Trotz des Fehlens eines Konkurrenzzentrums nimmt auch hier die Beziehungsintensität nach aussen ab. Dies deshalb, weil erstens verschiedene in der City zu erledigende Kommissionen im Rahmen eines Stadtbesuchs (aus weiter entfernten Orten) ge-

---

1 Die Halbwerts - Zeitdistanz lässt sich aus der Formel für die Beziehungsintensität $(BI = a \; e^{-bx})$ ableiten: Halbwertszeitdistanz = $\ln 2 \cdot 1/b$ .
2 Siehe Fig.23 , S.64 (Sektoreneinteilung).

tätigt werden und weil zweitens der Bedarf an Gütern
und Dienstleistungen der untersten Stufe der Be-
dienung im Wohnort selbst gedeckt wird (im weit von
der City entfernten Umland).

Sektor Rhein[1]:    Die Halbwerts - Zeitdistanz erreicht einen mittleren
Wert, d.h. die Beziehungsintensität nimmt schneller
ab als in Richtung Landesgrenze, jedoch nicht so schnell
wie im Sektor Süd. Entlang des Rheines (und zwar sowohl
nach Osten wie auch nach Südwesten) konnten sich nur
kleinere Orte mit halbseitig durch die Grenze beschnit-
tene Einzugsgebiete wie Stein am Rhein, Diessenhofen
oder Eglisau entwickeln. Es gibt also in diesen Gebieten eine gewisse Konkurrenz zu Schaffhausen, die
allerdings nicht so wirkt wie etwa Winterthur im Sektor Süd.

Sektor Süd[1]:    Hier ist die Halbwerts - Zeitdistanz am kleinsten,
d.h. die Abnahme der Beziehungsintensität am schnell-
sten. Dies verwundert nicht, denn nach Süden beginnt
sehr bald einmal der Einfluss des attraktiven Nach-
barzentrums Winterthur.

Zusammenfassend sei nochmals festgehalten, dass die Abnahme der Beziehungsintensität exponentiell erfolgt und dass die Grösse der Halbwerts - Zeitdistanz von Randbedingungen abhängt wie Distanz und Grösse eines Nachbar-
zentrums[2], Lage in Bezug auf die Landesgrenze, Topographie etc. Die zu geringe
Zahl der Sektoren (nur drei, wovon nur einer gegen ein Nachbarzentrum) lässt
es nicht zu, die in der Funktion $BI = a\,e^{-bx}$ enthaltenen Konstanten a und b
ihrerseits als Funktion der oben erwähnten Randbedingungen darzustellen. Dies
wäre nur möglich, wenn eine ganze Reihe von Städten untersucht worden wäre[3].

1 Sektoreneinteilung siehe Fig. 23 S. 63.
2 Einfluss von Distanz und Grösse der Nachbarzentren wurde bereits 1931 von
  Reilly beschrieben. Reilly 1931.
3 Untersuchungen dieser Art wurden neben Reilly auch von Converse (1943),
  Rouse (1953) und Huff (1962) durchgeführt. Weitergehende Literaturhinweise
  zu diesem Problemkreis finden sich in Knecht 1972, S. 134 ff..

2.3.2.1.5. Abweichungen vom Modell (Stärke des Zusammenhangs)

Naturgemäss liegen nicht alle Punkte genau auf der Regressionslinie. Ein
Mass für die Uebereinstimmung der Wirklichkeit mit dem Modell bietet der
Korrelationskoeff.[1]r (Stärke des Zusammenhangs). Er beträgt bei den Montag -
Samstag - Werten im Sektor Landesgrenze -0,89, im Sektor Rhein -0,93 und
im Sektor Süd -0,97.[2]

Die Abweichungen können verschiedene Ursachen haben:

. Zufallsbedingte Streuung (vor allem bei Zähleinheiten[3]mit wenig Citybesuchern).
Um diese Unsicherheit nach Möglichkeit ausschalten zu können, fasste ich
kleine Gemeinden (oder auch weit entfernte) zu Gruppen zusammen.

. Die Höhe der Beziehungsintensität hängt nicht nur vom Abstand und vom Umlands-
sektor ab, sondern noch von sehr vielen zusätzlichen Parametern wie Ausstattung eines Ortes mit Geschäften, sozialer Struktur (Altersaufbau, Geschlechterproportion, Berufsstruktur) etc. Dazu ein krasses Beispiel:

Rheinau: Hier entfällt ca. die Hälfte der Einwohner[4] auf die Insassen der
psychiatrischen Klinik. Dieser Teil der Bevölkerung nimmt naturgemäss kaum die Dienstleistungen der Schaffhauser City in Anspruch.
Dadurch bleibt die Beziehungsintensität für diese Gemeinde unver-
hältnismässig tief. In diesem Falle wurde das dahingehend korrigiert,
dass als Einwohnerzahl nicht der von der Volkszählung ausgewiesene
Wert, sondern jener der Gemeindeverwaltung[5](ohne Insassen der Klinik)
für die endgültige Berechnung der Beziehungsintensität von Rheinau
verwendet wurde.[6]

---

1 Angaben über Berechnung von Korrelationskoeffizienten finden sich in Wallis
1960, S. 442 ff.; Kellerer 1960, S. 167 ff.; Swoboda 1971, S. 239 ff. und
Gellert 1969, S. 670/71.
2 Recht gute r - Werte, da die Punkte mit der√Citybesucher gewichtet wurde (S.63 )
3 Zähleinheiten = Gemeindeteile (im Nahbereich), Gemeinden oder Gemeindegruppen (entferntere Gebiete).
4 Gemäss Volkszählung werden auch die Insassen von Heimen und Kliniken mitge-
zählt.
5 Auskunft der Einwohnerkontrolle Rheinau.
6 Gleich wurde für das Hohlenbaumquartier verfahren (Psych. Klinik Breitenau).
Hier stellte Herr Malagoli, Einwohnerkontrolle Schaffhausen, die nötigen
statistischen Unterlagen freundlicherweise zur Verfügung.

Diese durch den zweiten der vorhin genannten Gründe bedingten Unterschiede[1]
in der Beziehungsintensität treten besonders dann in Erscheinung, wenn wir
ein zusammenhängend überbautes Gebiet (wie dies etwa in unserm Fall der Nahbereich ist) in verschiedene Untereinheiten (Quartiere, vergleiche Karte S.74 )
auflösen[2]. Auf der nächsten Seite ist in einer Karte die wöchentliche Beziehungsintensität für die einzelnen Nahbereichsteile (Quartiere) dargestellt[3].

Interpretation zur Fig. 24, S. 74
_____

Es würde zu weit führen, die wöchentliche Beziehungsintensität eines jeden
Quartiers zu interpretieren. Folgende Beispiele seien jedoch herausgegriffen:

Neuhausen:  . Die Werte der Beziehungsintensität in Neuhausen liegen tiefer
(Q1 - Q5)    als in Schaffhauser Quartieren in entsprechendem Abstand zur
           City. Dies ist auf die bessere Ausstattung Neuhausens mit Ge-
           schäften (im Vergleich zu Schaffhauser Aussenquartieren gleichen
           Abstands zur City) zurückzuführen.[4]

        . Speziell tief ist die BI im Quartier 3. Dies deshalb, weil
           sich dort die Neuhauser Geschäfte befinden (Quartier Unterdorf).

        . Im Quartier Zollstrasse (Q1) ist die Beziehungsintensität höher
           als in Neuhausen Unterdorf (Q3), obwohl es weiter von der Schaff-
           hauser City weg liegt. Mutmasslicher Grund: Falls vom Quartier
           Zollstrasse aus für Einkäufe etc. ein privates oder öffentliches
           Verkehrsmittel benützt wird, spielt es keine so grosse Rolle, ob
           bis ins Zentrum von Neuhausen oder gleich nach Schaffhausen ge-
           fahren wird, d.h. der Unterschied im Verkehrsaufwand ist relativ
           gering.

        . Das Quartier Scheidegg weist einen geringern Wert für die BI auf
           als das etwa gleich weit von der City entfernte Hohfluh Quartier
           (Q5 und Q4). Grund: Das Hohfluhquartier hat im Gegensatz zum
           Scheidegg Quartier kaum eigene Läden, ist also eher auf die City
           angewiesen.

_____

1 Unterschiede bedingt durch Sozialstruktur (Alter, Geschlechterprop. etc.).
2 Von den Daten her ist das durchaus möglich, da über 60 % der Citybesucher
  aus dem Nahbereich stammen.
3 Definition des Nahbereichs siehe S. 36.
4 Dies widerspricht der Auffassung von Früh 1950, S. 30.

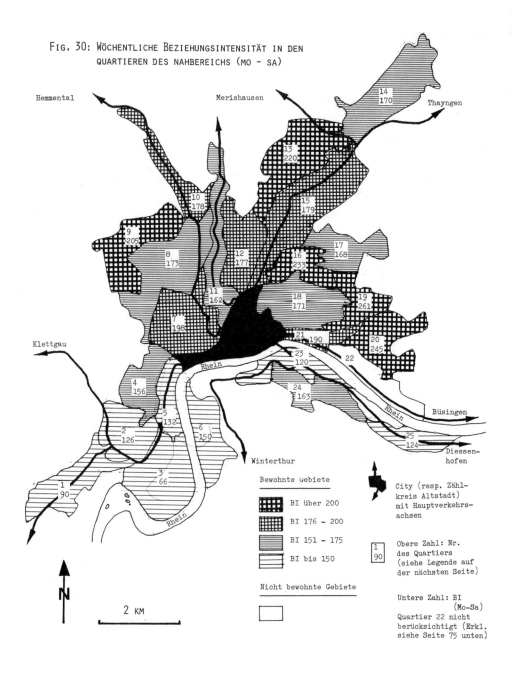

FIG. 30: WÖCHENTLICHE BEZIEHUNGSINTENSITÄT IN DEN
QUARTIEREN DES NAHBEREICHS (MO - SA)

Hemmental

Merishausen

Thayngen

14
170

13
220

15
179

10
178

9
205

17
168

8
173

12
177

16
233

11
162

18
171

19
261

7
198

21
190

Klettgau

20
245

23
120

22

Rhein

4
156

24
163

Rhein

Büsingen

5
132

6
150

2
126

25
124

Diessen-
hofen

Winterthur

3
66

1
90

Rhein

N

2 KM

Bewohnte Gebiete

BI über 200

BI 176 - 200

BI 151 - 175

BI bis 150

Nicht bewohnte Gebiete

City (resp. Zähl-
kreis Altstadt)
mit Hauptverkehrs-
achsen

1
90

Obere Zahl: Nr.
des Quartiers
(siehe Legende auf
der nächsten Seite)

Untere Zahl: BI
(Mo-Sa)
Quartier 22 nicht
berücksichtigt (Erkl.
siehe Seite 75 unten)

```
┌─────────────────────────────────────────────────────────────────────────┐
│  Nahbereichsquartiere (Legende zu Karte Seite 74  )                       │
│                                                                           │
│   1 Nh Zollstrasse(R)    11 Sh Mühlental    (L)    21 Sh Fischerhäuser(R) │
│   2 Nh Oberdorf    (L)   12 Sh Weinsteig    (L)    22 Sh Rheinhalde   (R) │
│   3 Nh Unterdorf   (R)   13 Sh Hochstrasse  (L)    23 Ft Unterdorf    (S) │
│   4 Nh Hohfluh     (L)   14 Sh Herblingen   (L)    24 Ft Oberdorf     (S) │
│   5 Nh Scheidegg   (R)   15 Sh Fulach/Ebnat(L)     25 Ft Langwiesen   (R) │
│   6 Flurlingen     (S)   16 Sh Gruben       (L)                           │
│   7 Sh Steig       (L)   17 Sh Niklausen    (L)    Nh = Neuhausen         │
│   8 Sh Hohlenbaum  (L)   18 Sh Emmersberg   (L)    Sh = Schaffhausen      │
│   9 Sh Lahn        (L)   19 Sh Zündelgut    (L)    Ft = Feuerthalen       │
│  10 Sh Hauental    (L)   20 Sh Buchthalen   (R)    (L) = Sekt. Landesgr.  │
│                                                    (R) = Sekt. Rhein      │
│                                                    (S) = Sekt. Süd        │
└─────────────────────────────────────────────────────────────────────────┘
```

Schaffhausen: . Wenn wir das Grubenquartier (Q 16) mit dem Niklausenquartier

Q7 - Q 22 (Q 17) vergleichen, so fällt auf, dass das Grubenquartier einen wesentlich höheren BI - Wert aufweist, obwohl es nicht soviel näher bei der City liegt. Der mutmassliche Grund ist auch hier wieder das Fehlen von Geschäften im Grubenquartier (das Niklausenquartier besitzt dagegen einen eigenen Supermarkt).

. Quartiere mit einem hohen Gastarbeiteranteil weisen einen unterdurchschnittlichen BI - Wert auf (Bsp. Q 11, Mühlentalquartier). Grund: Die meisten Ausländer sind berufstätig, und die Zeit für Citybesuche ist deshalb knapper.[1]

. Das Quartier 22 (Rheinhalde) wurde in der Karte weiss belassen. Dies aus folgendem Grund: Für dieses Quartier haben meine Berechnungen einen völlig unrealistischen BI - Wert ergeben, nämlich z.Bsp. 614 (!) für Montag bis Samstag. Des Rätsels Lösung ist allerdings leicht: Meine Berechnungen basieren auf den Einwohnerzahlen/Quartier von Dezember 1970.[2] Die Citybesucherzahl hingegen wurde 1 $\frac{3}{4}$ Jahre später ermittelt. In diesem 1970 noch sehr kleinen Quartier hat sich jedoch die Haupt - Bautätig-

---

[1] Vergleiche das Kap. über den unterschiedlichen Tagesrhythmus in Gastarbeiterquartieren (2.3.1.3, S. 59).

[2] Eidg. Volkszählung. Die Daten für Schaffhausen (ebenso für Neuhausen und Feuerthalen) konnten dank den Unterlagen, die ich von den entsprechenden Amtsstellen freundlicherweise erhielt, auf die einzelnen Quartiere aufgeteilt werden. Das Verfahren (Ermittlung der Ew.zahl/Quartier) war jedoch recht zeitraubend.

keit der Jahre 1971 und 1972 abgespielt. Zur Zeit meiner Autonummernregistrierung war deshalb die effektive Einwohnerzahl
wesentlich grösser als die 1970 anlässlich der Volkszählung
in diesem Quartier ausgewiesenen 413 Einwohner. Der Wert für
die Beziehungsintensität wurde folglich viel zu hoch.

Feuerthalen:   . Hier ist die Beziehungsintensität niedriger als in Schaffhausen.
Dies ist vermutlich auf den Einfluss der Kantonsgrenze zurückzuführen. Der extrem niedrige Wert im Quartier 23 erklärt sich
auch noch durch den dort hohen Gastarbeiteranteil.

## 2.3.2.1.6. Die Abgrenzung des Umlandes (Einzugsgebietes) von Schaffhausen

Eine Frage, die mich von Anfang an interessierte[1], war, ob sich durch meine
Methode das Einzugsgebiet der Schaffhauser City würde abgrenzen lassen. Meine
Arbeitshypothese[2], nämlich, dass am Rand des Einzugsgebietes ein deutlicher
Abfall der Beziehungsintensität zu registrieren sei, wurde durch die Ergebnisse
meiner Untersuchungen nicht bestätigt, da (wie auf S. 71 gesagt wurde) die
Beziehungsintensität nach aussen exponentiell abnimmt. Die Grenze des Einzugs-
gebietes konnte also nicht mit Hilfe einer solchen sprunghaften Abnahme der
Beziehungsintensität ermittelt werden.

Da die Beziehungsintensität ohne Sprungstellen abnimmt, haftet jeder Abgrenzung
des Einzugsgebietes etwas Subjektives an[3].

Ich grenzte das Einzugsgebiet der Schaffhauser City wie folgt ab: Dort, wo nur
noch 50 % der Citybesuche, die von der Umlandsbevölkerung unternommen werden,
auf Schaffhausen entfallen, ist die Grenze des Einzugsgebietes.

Diesen, zu einem bestimmten Abstand gehörenden BI - Wert (resp. 50 % davon)
können wir dem Diagramm auf S. 77 (Abnahme der BI im Sektor Landesgrenze) entnehmen. In diesem Sektor müssen nämlich alle Umlandsbewohner in Ermangelung

---

1 Siehe Kap. 1 (Problemstellung).
2 Annaheim 1950, postulierte für das Basler Hinterland eine sprunghafte Abnahme der BI (Verflechtung nach Annaheim) im Bereich der 30 und 60 Min. -
Isochrone.
3 Schöller (1969) weist auf S. 75 auf dieses Problem hin.

einer Alternative Schaffhausen für städtische Kommissionen aufsuchen. Die gestrichelte Linie in untenstehender Figur gibt den halben Wert (50 %) der zu einem bestimmten Abstand gehörenden BI an. Dort, wo diese Linie die Regressionsgeraden der andern Sektoren (Rhein und Süd) schneidet, liegt die Grenze des Einzugsgebietes.

Fig. 31: Abgrenzung des Umlandes

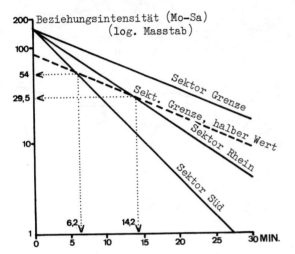

* PKW – Zeitabstand zur City = Zeitabstand zur citynächsten Zone + 6,5 Min.

PKW – Zeitabstand zur citynächsten Zone*(in Min.)

Interpretation zur Karte auf der nächsten Seite (Einzugsgebiet der Schaffhauser City)

1. Die Landesgrenze bildet die Grenze des Einzugsgebietes (nach der Grenze sinkt die BI auf einen Sechstel, vergleiche Kap. 2.3.2.1.7., S. 81)

2. In Richtung Süden kommen wir recht schnell an die Grenze des Einzugsgebietes. Die Grenze entspricht hier ungefähr der Grenze des Pendlereinzugsgebietes[1] und auch etwa der Grenze, die sich aus dem Gravitationsgesetz von Reilly[2]

1 Vergleiche Kap. 2.5., S.94.
2 Reilly 1931, S.9. Die Anzeihungskraft der Geschäftszentren zweier Städte verhält sich auf die Bevölkerung eines zwischen ihnen gelegenen Siedlungsgebietes ungefähr im direkten Verhältnis zur Bevölkerung der beiden Städte und ihm umgekehrten Quadrat ihrer Entfernung von der dazwischen liegenden Siedlung.

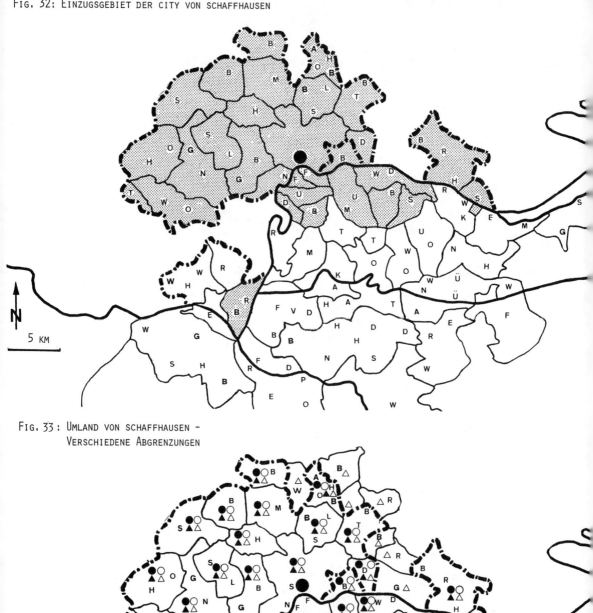

FIG. 32: EINZUGSGEBIET DER CITY VON SCHAFFHAUSEN

N

5 KM

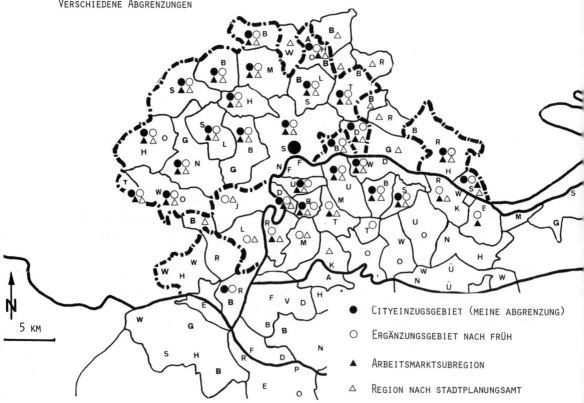

FIG. 33: UMLAND VON SCHAFFHAUSEN –
VERSCHIEDENE ABGRENZUNGEN

N

5 KM

● CITYEINZUGSGEBIET (MEINE ABGRENZUNG)

○ ERGÄNZUNGSGEBIET NACH FRÜH

▲ ARBEITSMARKTSUBREGION

△ REGION NACH STADTPLANUNGSAMT

ableiten lässt[1].

3. Auch in Richtung Osten kommen wir recht schnell an die Grenze des Einzugsgebietes. Allerdings ist nicht gesagt, dass die knapp ausserhalb der 50 % -
   Linie (= Grenze des Einzugsgebietes) gelegenen Gemeinden zu einem Nachbarzentrum wie Winterthur gehören, denn es haben sich in den Spickeln zwischen
   den Einzugsgebieten von Schaffhausen und Winterthur Zentren niedrigerer
   Ordnung[2] ausgebildet, die einen Teil des Stadtbesuchbedarfs der Umlandsbevölkerung abdecken (Diessenhofen, Stein am Rhein).

## 2.3.2.1.7. Beziehungen zur deutschen Nachbarschaft

## Allgemeines zum Citybesuch von Deutschen in Schaffhausen

Wichtigstes Motiv für den grenzüberschreitenden Einkauf sind sicher Preis-
differenzen einzelner Produkte in der Schweiz und Deutschland. Gerade die
Deutschen werden als sehr preisbewusst charakterisiert. Aenderungen des
Wechselkurses DM / sfr haben deshalb grosse Auswirkungen auf die Einkaufs-
verhältnisse.

Zu Beginn des letzten Jahrzehnts kauften sehr viele Schweizer im benachbarten
Deutschland ein, während die umgekehrte Richtung (Einkauf von Deutschen in der
Schweiz) wenig bedeutend war. Bedingt durch die Einführung der Mehrwertsteuer
in Deutschland und durch die DM - Aufwertung von 1969 kam es zu einer Veränderung der Situation. Zur Zeit meiner Erhebung (Herbst 1972) war der Strom
der Deutschen nach Schaffhausen recht ausgeprägt. Zur Zeit (1975) sind, bedingt
durch eine erneute Veränderung des Wechselkurses, neue Verschiebungen im Gang,
Verschiebungen, die allerdings noch nicht voll überblickbar sind[3].

Neben dem Wechselkurs gibt es jedoch noch andere Motive für den grenzüberschreitenden Einkauf. Diese Motive sind allerdings quantitativ schwer zu erfassen, sind aber trotzdem sehr bedeutend: Das Ausland übt eine gewisse Exotik-

1 Die Grenze ist sogar noch etwas näher bei Schaffhausen, als dies aus der Formel
  von Reilly hervorgeht. Dies kann damit erklärt werden, dass auch die Kantonsgrenze eine gewisse Rolle spielt (bei Reilly werden nur zwei Parameter, nämlich Grösse und Distanz der Nachbarzentren berücksichtigt).
2 Auf derartige Zwischenzentren weist auch Körber (1957, S. 342) hin.
3 Vergleiche dazu einen Artikel im St. Galler Tagblatt (Sonderausgabe III/74).

wirkung aus (das Einkaufsgefühl im Ausland ist anders: andere Geschäfte, andere
Marken). Andererseits sind Erschwernisse wie Zoll, Geldwechsel zu berücksichtigen. Zudem bildet die Grenze nicht nur eine politische Scheidelinie, sondern
auch eine psychologische Barriere (indem man sich im Ausland nicht mehr so ver-
traut fühlt). Ebenso entfällt im Ausland der Besuch von citygebundenen öffentlichen Institutionen (Behörden etc.). Die Deutschen suchen die Schweiz vor
allem für den Kauf von problemloser Ware auf[1]. Insgesamt wirkt die Landesgrenze also doch eher trennend (vergleiche die Ergebnisse meiner Untersuchung,
nächster Abschnitt).[2]

Besucher aus dem fernen Ausland (Touristen) konnten dank der Durchführung
meiner Untersuchungen im Frühling und Herbst weitgehend ausgeschaltet werden.
Im Sommer hingegen spielen sie eine grössere Rolle.[3]

## Ergebnisse meiner Untersuchungen - deutsche Gebiete

Wie die Beziehungsintensität für die deutschen Gemeinden berechnet wurde,
kann im Kap. 2.2.8., S. 49 nachgelesen werden. Ich erinnere daran, dass diese
Werte vorsichtiger ausgelegt werden müssen. Die Höhe der Beziehungsintensität
der deutschen Gemeinden kann der Karte S. 64 (Fig. 24) entnommen werden.

Dazu noch folgende Bemerkungen:
1. Büsingen (Zollanschlussgebiet ) verhält sich wie eine Schweizer Gemeinde im
   entsprechenden Abstand.
2. Die Beziehungsintensität der deutschen Anstössergemeinden (Anstoss an Landesgrenze) nimmt mit zunehmendem Abstand zur Schaffhauser City ab. Die Abnahme
   ist exponentiell und etwa gleich langsam wie die BI - Abnahme im schweiz.
   Sektor Landesgrenze. Siehe dazu das Diagramm auf der nächsten Seite oben.
   Interpretation: Die Distanz der deutschen Anstössergemeinden zur Schaffhauser City scheint nicht so wichtig wie die Tatsache, dass es sich um eine
   Anstössergemeinde handelt (bei den deutschen Folgegemeinden nimmt die BI
   sehr schnell ab, vergleiche Pkt. 3 (nachstehend)). Die BI ist in den An-

---

1 Vergleiche meine Interviewergebnisse in der Diplomarbeit (Gerber 1970, S.176).
2 Intensive Studien über den Einfluss schweizerischer Grenzstädte auf das
  ausländische Grenzgebiet unternahm Jenny (1969) für das Beispiel. In seiner
  Dissertation finden sich auch zahlreiche Literaturhinweise auf die in andern
  Grenzregionen gemachten Studien.
3 Vergleiche Gerber 1970, S. 154.

stössergemeinden etwa 1/6 - 1/7 so gross, wie wenn es sich um eine schweiz. Gemeinde im entsprechenden Abstand (Sektor Landesgrenze) handeln würde. Dies zeigt, dass die trennende Wirkung der Grenze doch recht gross ist.

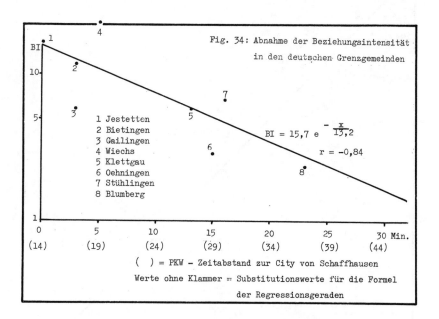

Fig. 34: Abnahme der Beziehungsintensität in den deutschen Grenzgemeinden

1 Jestetten
2 Bietingen
3 Gailingen
4 Wiechs
5 Klettgau
6 Oehningen
7 Stühlingen
8 Blumberg

$$BI = 15,7 \, e^{-\frac{x}{13,2}}$$

$$r = -0,84$$

( ) = PKW - Zeitabstand zur City von Schaffhausen

Werte ohne Klammer = Substitutionswerte für die Formel der Regressionsgeraden

3. Wenn wir von den deutschen Anstössergemeinden weiter ins Innere von Deutschland gehen (deutsche Folgegemeinden), so nimmt die BI exponentiell und sehr schnell ab, d.h. wenn sich eine deutsche Gemeinde nicht unmittelbar an der Grenze befindet, nimmt die Attraktivität eines Citybesuchs in Schaffhausen schnell ab. Dies wurde in Fig. 35, nächste Seite dargestellt. Es wurde berechnet, wieviele Citybesucher / a Einwohner[1] aus den deutschen Folgegemeinden nach Schaffhausen kommen, wenn wir für die deutsche Grenzgemeinde (= Anstössergemeinde) 100 Citybesucher/a Einwohner annehmen. Dazu wurde das deutsche Gebiet in sieben verschiedene Sektoren (siehe Fig. 35, S. 82) aufgeteilt.

Beispiel: Wenn von Gailingen (=Grenzgemeinde) 100 Citybesucher / a Einwohner (Sektor kommen, so sind es in der selben Zeit von Randegg 38, von Gott-
Singen) madingen 28, von Hilzingen 19, von Singen 11 und von Radolfszell 4.

1 a Einwohner der Herkunftsgemeinde: a = beliebige Zahl (Bezugsgrösse).

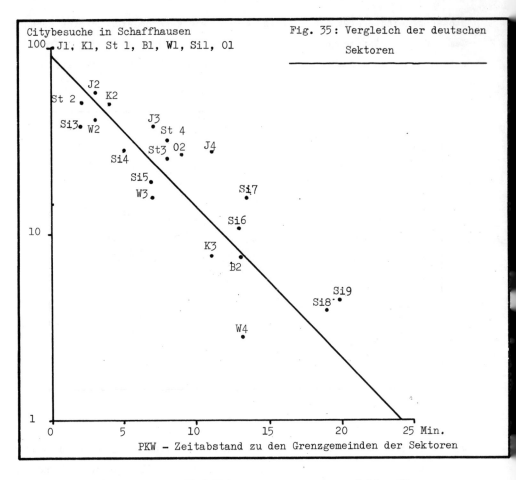

Fig. 35: Vergleich der deutschen Sektoren

Citybesuche in Schaffhausen

PKW - Zeitabstand zu den Grenzgemeinden der Sektoren

Sektor Jestetten

J 1 Jestetten
J 2 Lottstetten
J 3 Berwangen und
   Baltersweil
J 4 Dettighofen und
   Bühl

Sektor Klettgau

K 1 Klettgau
K 2 Geisslingen
K 3 Lauchringen und
   Tiengen

Sektor Stühlingen

St 1 Stühlingen und
    Weizen
St 2 Eggingen und Eber-
    fingen

St 3 Fützen
St 4 Lausheim und Lembach,
    Schwaningen, Dillen-
    dorf

Sektor Blumberg

B 1 Blumberg
B 2 Hüfingen

Sektor Wiechs

W 1 Wiechs
W 2 Büsslingen
W 3 Tengen
W 4 Engen und Zimmerholz,
    Watterdingen, Anselfin-
    gen, Neuhausen, Ehingen,
    Mühlhausen

Sektor Singen

Si 1 Gailingen
Si 2 Bietingen
Si 3 Randegg
Si 4 Gottmadingen
Si 5 Hilzingen
Si 6 Singen
Si 7 Rielasingen
Si 8 Radolfszell u. Böhr-
    ingen, Güttingen,
    Markelfingen, Mögg-
    ingen, Liggeringen
Si 9 Worblingen, Bohlingen,
    Moos, Iznang, Bankhol-
    zen, Weiler, Gundholze

Sektor Oehningen

O 1 Oehningen
O 2 Wangen, Schienen, Horn
    Gaienhofen, Hemmenhofe

## 2.3.2.2. Der Wochenrhythmus und Vergleich normale Arbeitstage
### (Montag bis Freitag) / Samstag

Der Wochenrhythmus

Die untenstehende Tabelle zeigt die ermittelten Besucherfrequenzen pro Tag.
Die Unterschiede von Tag zu Tag haben folgende Ursachen:

. Tiefer Montagswert: Viele Geschäfte sind am Montagmorgen geschlossen.

. Hoher Samstagswert: Wochenendeinkauf

. Uebrige Unterschiede von Tag zu Tag: Dies ist vor allem auf unterschiedliche
  Abendfrequenzen zurückzuführen (Anlässe). Wenn wir nur den Morgen und Nachmittag berücksichtigen, so erhalten wir ein gleichmässigeres Bild, wie die
  zweite Tabelle zeigt. Immerhin halten sich auch die Schwankungen der Gesamt-
  tageswerte (Dienstag bis Freitag) in Grenzen (Minimum: Donnerstag (16453
  Citybesucher); Maximum: Dienstag (19415 Citybesucher)). Diese relative Aus-
  geglichenheit der Tageswerte ist nicht zuletzt dadurch bedingt, dass in der
  Erhebung zwei Wochen berücksichtigt wurden und dann ein Mittelwert für die
  einzelnen Tage errechnet wurde.

Fig. 36: Citybesucherzahlen Mo - Sa

|  | Citybesucher R 1-10 | Anteil (%) am Mo-Sa Total | Citybesucher R 1-6 (Morgen und Nachmittag) | Anteil (%) am Mo-Sa Total |
|---|---|---|---|---|
| Montag | 14722 | 12,3 | 10409 | 11,2 |
| Dienstag | 19416 | 16,2 | 14105 | 15,2 |
| Mittwoch | 18254 | 15,2 | 12651 | 13,6 |
| Donnerstag | 16453 | 13,7 | 12006 | 13 |
| Freitag | 17441 | 14,6 | 13132 | 14,1 |
| Samstag | 33573 | 28 | 30692 | 33 |
| Mo-Sa | 119859 | 100 | 92994 | 100 |

Vergleich normale Arbeitstage (Mo – Fr) / Samstag

Die Abnahme der BI[1] ist sowohl für die Zeitspanne von Montag bis Freitag
wie auch für den Samstag mit Hilfe einer Exponentialkurve (BI = a $e^{-bx}$)
zu erklären. Die Halbwerts – Zeitdistanz ist für Montag – Freitag und Samstag
recht ähnlich (siehe untenstehende Tabelle). Einzig beim Sektor Landesgrenze
finden wir einen deutlichen Unterschied in der Halbwerts – Zeitdistanz, und
zwar in dem Sinne, dass hier am Samstag die BI schneller abnimmt ( Halbwertszeitdistanz 7,6) als von Montag bis Freitag (9,7). Mutmasslicher Grund:
Dieser Sektor umfasst bei den weitern Distanzen recht ländliche Gebiete (Klettgau, Randen und Reiat). In ländlichen Gemeinden ist der Anteil der berufstätigen
Frauen klein, so dass der weibliche Teil der Bevölkerung auch Wochentage (Mo-
Fr) für einen Citybesuch benützen kann (dies ist übrigens auch den Bauern, die
ihre Zeit frei einteilen können, möglich). Zudem sind moderne Einkaufsgewohnheiten wie Samstags – Grosseinkauf hier in den ländlich – traditionellen
Gemeinden noch weniger verbreitet.

Fig. 37

| | | | | |
|---|---|---|---|---|
| **Montag–Freitag** | Sektor Grenze | BI = 117,5 $e^{-\frac{x}{14}}$ | Halbwertszeitdistanz: 9,7 Min. Korrelationskoeff. r = – 0,86 |
| | Sektor Rhein | BI = 139,7 $e^{-\frac{x}{7,8}}$ | Halbwertszeitdistanz: 5,4 Min. Korrelationskoeff. r = – 0,89 |
| | Sektor Süd | BI = 105,3 $e^{-\frac{x}{5,7}}$ | Halbwertszeitdistanz: 3,9 Min. Korrelationskoeff. r = – 0,97 |
| **Samstag** | Sektor Grenze | BI = 55,6 $e^{-\frac{x}{11}}$ | Halbwertszeitdistanz: 7,6 Min. Korrelationskoeff. r = – 0,91 |
| | Sektor Rhein | BI = 52,1 $e^{-\frac{x}{7,9}}$ | Halbwertszeitdistanz: 5,5 Min. Korrelationskoeff. r = – 0,93 |
| | Sektor Süd | BI = 52,8 $e^{-\frac{x}{5,5}}$ | Halbwertszeitdistanz: 3,8 Min. Korrelationskoeff. r = – 0,98 |

Der Inhalt obiger Tabelle ist auf der nächsten Seite noch in graphischer Form
dargestellt.

---

1 Abnahme der BI in cityfugaler Richtung .

Fig. 38: Abnahme der Beziehungsintensität in den drei Sektoren

Vergleich  Montag - Freitag / Samstag

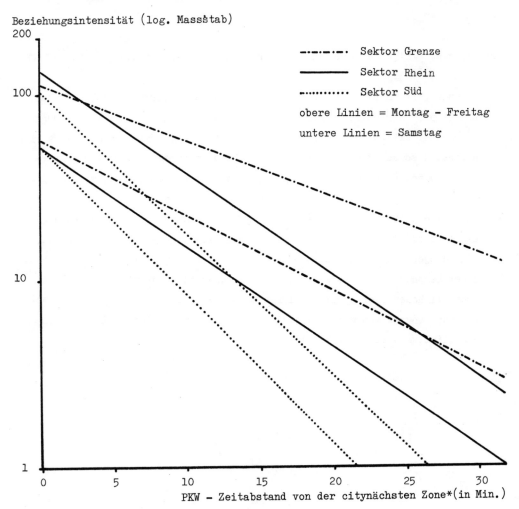

Beziehungsintensität (log. Massstab)

Sektor Grenze

Sektor Rhein

Sektor Süd

obere Linien = Montag - Freitag

untere Linien = Samstag

PKW - Zeitabstand von der citynächsten Zone*(in Min.)

* PKW - Zeitabstand zur City = Zeitabstand zur citynächsten Zone + 6,5 Min.

Vergleich normale Arbeitstage (Mo - Fr) / Samstag bei den Quartieren des
Nahbereichs

---

Die entsprechenden Werte (Citybesucherzahl, Beziehungsintensität) für die
einzelnen 25 Quartiere des Nahbereichs können im Datenanhang, S.105 nachge-
sehen werden.

Nachfolgend einige Bemerkungen zu den diesbezüglichen Daten:

1. In Quartieren mit einem hohen Gastarbeiteranteil (z.Bsp. Q 11 (Mühlental)
   und Q 23 (Feuerthalen Unterdorf)) ist die Montag bis Freitag - Beziehungsintensität extrem tief, der Samstagwert dafür recht hoch. Dies erklärt sich
   daraus, dass bei den Gastarbeitern die berufstätigen Männer stärker ver-
   treten sind. Diese Gruppe besucht die City vor allem am arbeitsfreien Samstag.

2. Im übrigen haben wir, wenn wir die Montag - Freitag Werte mit jenen des
   Samstags vergleichen, ein recht ähnliches Bild der Beziehungsintensität,
   d.h. diejenigen Quartiere, die aus Gründen eines speziellen Altersaufbaus,
   einer besonders guten oder schlechten Eigenausstattung mit Läden etc. einen
   speziell hohen oder speziell tiefen BI - Wert aufweisen, zeigen diese Ab-
   weichung sowohl von Montag - Freitag wie auch am Samstag. Lediglich das
   quantitative Niveau der BI ist naturgemäss anders.

## 2.3.3. Citybesuch - Allgemeines

Zum Abschluss der Darstellung und Interpretation der Ergebnisse meiner Untersuchung sollen noch einige allgemeine Gedanken zum Thema Citybesuch geäussert werden, und zwar zu den Motiven des Citybesuchs und zu den Faktoren, die die Situation laufend verändern.

## 2.3.3.1. Motive des Citybesuchs

### Vorbemerkung

Der Einkauf sowie der Besuch von citygebundenen Dienstleistungen sind die Folge unserer arbeitsteiligen Welt und der räumlichen Trennung der menschlichen Funktionen wie Wohnen, Arbeiten, Einkaufen etc..[1] In einer vorindustriellen Gesellschaft sind die funktionalen Verknüpfungen einfacher und quantitativ geringer.

### Die verschiedenen Motive des Citybesuchs

1. Die Distanz: Der wichtigste Grund ist sicher die Distanz. Meine Arbeit hat gezeigt, dass sich die Distanz zur City exponentiell auf die Beziehungsintensität zwischen City und Umlandsgemeinden auswirkt (exponentielle Abnahme).[2]

2. Das Angebot: Fast ebenso wichtig ist auch die Angebotsbreite, die eine City zu bieten vermag. Sie kann mit Hilfe verschiedener Indikatoren mindestens annäherungsweise gemessen werden[3]. Je höher die Attraktivität einer City, umso grösser die Besucherfrequenzen.

Die beiden obgenannten Gründe für den Citybesuch (Distanz und Angebot) sind die wichtigsten. Für einzelne Citybesucher oder für bestimmte Gruppen können noch zahlreiche weitere Motive hinzukommen:

. Zusammenhang Arbeitsort / Einkaufsort[4]. Dieser Zusammenhang spielt bei den

---

1 Vergleiche Klöpper 57, S. 10 und Hohl 1964, S. 35 ff..
2 Vergleiche Kap. 2.3.2.1.3., S. 63.
3 Vergleiche Hofmeister 1969, S. 89 ff..
4 Vergleiche Beck 1952, S. 92 .

Grenzgängern und den Pendlern aus dem schweizerischen Umland eine wichtige Rolle, wie ich dies bereits in meiner Diplomarbeit zeigen konnte[1]. Eine Veränderung der Grenzgängerzahl beispielsweise kann also durchaus Auswirkungen auf die Citybesucherfrequenzen haben. In polyzentrischen Konurbationen kann sich der Zusammenhang Arbeitsort / Einkaufsort wieder lockern.

Es besteht auch ein Zusammenhang zwischen sozialen und demographischen Merkmalen einer Bevölkerungsgruppe einerseits und dem Einkaufsort andererseits:

Einfluss des Altersaufbaus: Aeltere Leute kaufen eher in der Nähe ein (Quartiersladen, Dorf) als jüngere[2]. Dies erklärt (mindestens teilweise) die unterschiedlichen BI - Werte in den einzelnen Quartieren des Nahbereichs.

Einfluss der sozialen Stellung: Die Mobilität ist nicht in allen Gesellschaftsschichten gleich[3].

Einfluss von Stadt/Land-Unterschieden: Einkaufsgewohnheiten der städtischen und der ländlichen Bevölkerung unterscheiden sich[4], allerdings beginnen sich die Unterschiede langsam zu verwischen[5].

Dauer der Niederlassung: Je länger jemand an einem bestimmten Ort oder in einem bestimmten Quartier wohnt, umso grösser wird seine Verbundenheit mit den Geschäften der Nachbarschaft[6].

Irrationale Motive: Auch vorwiegend irrationale Gründe wie persönliche Beziehungen zu einem Geschäft, Familientradition, Neugierde etc. können einen Einfluss auf die Wahl des Einkaufsortes haben.

---

1 Vergleiche Gerber 1970, S. 174.
2 Knecht 1972, S. 117 und Gerber 1970 (Anhang).
3 Vergleiche Knecht 1972, S. 117.
4 Vergleiche Mackensen 1960 und Bächtold 1964, S. 174.
5 Vergleiche Lauritzen 1969, S. 108.
6 Siehe Knecht 1972, S. 117.

Charakteristisch für all diese Nebenmotive ist, dass sie sich für das Total
einer Gemeinde mehr oder weniger ausgleichen, so dass für eine Gemeinde eine
Aussage gemacht werden kann in Bezug auf die Zuordnung zu einer City und
in Bezug auf das Ausmass der Verknüpfung mit dieser City. Eine diesbezügliche
Aussage kann aber nicht auf Einzelpersonen bezogen werden. Sobald eine Gemeinde
in Quartiere mit ungleicher sozialer oder altersmässiger Struktur aufgeteilt
wird, treten (im selben Abstand zur City) grosse Unterschiede in der Höhe der
Beziehungsintensität auf.[1] Wenn eine Gemeinde als Ganzes diesbezügliche Abnormitäten aufweist (also in Hinsicht auf die soziale Schichtung oder in Bezug auf den Altersaufbau), kann ihr BI - Wert von den Erwartungen abweichen[2].

## 2.3.3.2. Veränderungsfaktoren

### Allgemeines

Das Bild der Beziehungsintensität zwischen City und Umland ist nicht nur kurz-
zeitigen (Tag, Woche, Jahr) Rhythmen unterworfen, sondern kann sich langfristig
(mehrere Jahre, Jahrzehnte) verändern.[3]

### Faktoren der langfristigen Veränderungen

1. Bevölkerungszunahme: Die Vergrösserung der Bevölkerung führt dazu, dass in
den gleichen geographischen Einheiten mehr Konsu-
menten ihren Bedarf decken. Dies ermöglicht die Existenz
von Geschäften, die früher wegen der noch zu kleinen
Bevölkerungszahl noch nicht denkbar waren.[4] Ebenso erfolgt eine Vergrösserung der Ladeneinheiten. Die
Attraktivität eines Zentrums wird gesteigert und sein
Einzugsbereich ausgeweitet.

---

1 Vergleiche Kap. 2.3.1.3., S. 59.
2 Beispiel Rheinau, siehe Kap. 2.3.2.1.5..
3 Vergleiche Fehre 1950, S. 333.
4 Hinweise über die notwendige Bevölkerungszahl / Geschäft (nach Branchen)
finden sich in Breitling 1968, S. 41 ff. und in Hollmann 1968, S. 5.

2. Zunehmender Wohlstand: Zunehmender Wohlstand bedingt, dass man mehr Geld für den Wahlbedarf zur Verfügung hat[1]. Die Ausgaben für den Existenzbedarf steigen nur langsam[2], da hier (im Gegensatz zum Wahlbedarf)[3] eine obere Limite vorhanden ist. Da aber der Wahlbedarf sehr oft nur in der City gedeckt werden kann (im Gegensatz zum Existenzbedarf), steigen die Besucherfrequenzen zur City. Bei zunehmendem Wohlstand steigt zudem auch das Bedürfnis nach Dienstleistungen verschiedenster Art, Dienstleistungen, die auch wieder mit Vorteil in der City zu suchen sind[4]. All dies zusammen kann bewirken, dass Zentren niederer Ordnung ausfallen, während grosse Zentren noch grösser werden[5].

3. Motorisierung: Durch die Motorisierung sind auch Umgestaltungen in den Beziehungen City / Umland in Gang gekommen. Durch die Motorisierung wird die räumliche Mobilität grösser, grössere Distanzen können auch z.Bsp. für den Einkauf überwunden werden. Auch dies führt zu einer Aufwertung der City zuungunsten von Lokalzentren.[6]

Andererseits kann der vergrösserte Anteil an Autokunden bei den Citybesuchern dazu führen, dass infolge Parkplatzmangels Vororts- oder Randzentren begünstigt werden[7].

---

1 Knecht (1972, S. 114) gibt die Aufteilung der Ausgaben der Schweizer auf die einzelnen Sparten an.
2 Zur unterschiedlichen Entwicklung des Wahl- und Existenzbedarf siehe auch Lindauer 1970, S.44. In dieser Dissertation von Lindauer finden sich auch zahlreiche Hinweise auf weiterführende Literatur zu diesem Thema.
3 Fourastié 1966, S. 40/41.
4 Vergleiche Flüeler 1971, S.102.
5 Siehe Körber 1957, S. 344.
6 Zum Begriff der Mobilität vergleiche Bartels 1969, S. 35; Fourastié 1966, S. 107; Sombart 1969, S. 309 und das Buch von Schrader 1966.
7 Vergleiche zu diesem Problem Knecht 72, S. 30/31 und Flüeler 1971, S. 184. Zur speziellen Situation im Raum Schaffhausen sei auf Reiniger 1967 und auf meine Diplomarbeit (Gerber 1970, S. 159 ff.) verwiesen.

4. Veränderungen in der gesellschaftlichen Stellung der Frau:

• Die Berufstätigkeit der Frauen nimmt auch in der Schweiz zu. Der Anteil der berufstätigen Frauen liegt heute etwa bei 30 % (in Agglomerationen bis 50 %)[1]. Dies hat einen Einfluss auf den Tages- und Wochenrhythmus der Beziehungsintensität zwischen City und Umland: Die Zeit zwischen 17 und 19 Uhr gewinnt an Bedeutung, ebenso der Samstag (Besorgungen nach der Arbeit und am arbeitsfreien Tag). Die berufstätige Frau hat nicht mehr so viel Zeit für den Einkauf zur Verfügung[2]. Sie wird deshalb für Besorgungen eher die City, wo sie verschiedenste Geschäfte auf engem Raum nebeneinander findet, berücksichtigen (zuungunsten von Quartiersläden). Bei einer Zunahme der Berufstätigkeit der Frauen ist also mit einer Verstärkung der BI zwischen City und Einzugsgebiet zu rechnen. Bei beruftätigen Frauen besteht zudem (wie bei den Männern) ein Zusammenhang zwischen Arbeitsort und Einkaufsort. Auch dies kann zu Veränderungen führen.

• Bei den Frauen besteht zur Zeit auch noch ein Rückstand (im Vergleich zu den Männern) in Bezug auf die Anzahl Führerausweise. Falls in Zukunft auch die Frau verstärkt das Auto als Verkehrsmittel (zum Einkauf, für den Citybesuch) verwenden wird[3], so können sich auch daraus Veränderungen der Beziehung City/ Einzugsgebiet ergeben.

---

1 Vergleiche die Angaben in meiner Diplomarbeit (Gerber 1970, S.99).
2 Der Zeitbedarf für Einkäufe lag 1961 bei einer von Bächtold (1964, S.125). durchgeführten Untersuchung (Bern) noch bei 4 h/Woche.
3 Zur Zeit spielt das Auto im Zusammenhang mit dem Citybesuch bei den Männern noch eine doppelt so grosse Rolle, vergleiche die diesbezüglichen Angaben in Kap. 2.2.5.6., S. 35 ff..

5. Veränderungen der Lebens-, Einkaufs- und Konsumgewohnheiten:

Der Einkauf und das Aufsuchen citygebundener Dienstleistungen wird in immer stärkerem Ausmass eine Freizeitbeschäftigung (als Folge vermehrten Wohlstands und vermehrter Freizeit). Einkaufsatmosphäre und Erlebnisdichte[1] in der City spielen eine immer wichtigere Rolle. Dies verstärkt citypetale Tendenzen, denn diese vom Konsumenten geforderte Ambiance kann nur dort geboten werden, wo verschiedene Geschäfte und Dienstleistungen miteinander vergesellschaftet sind.

Andererseits bestehen in der City von Schaffhausen mit ihrer feinmaschigen, mittelalterlichen Grundrissstruktur Schwierigkeiten, moderne Geschäfte (vor allem solche des problemlosen Alltagsbedarfs) unter Wahrung des Altstadtbildes erstellen zu können. Es gibt deshalb Projekte zur Erweiterung der Cityzone und zum Bau eines Einkaufszentrums am Rande der Stadt[2]. All dies könnte zu Veränderungen der funktionalen Verknüpfungen führen.

Auch moderne Techniken der Lebensmittelkonservierung und Aufbewahrung (Bsp. Tiefkühltruhe) haben Veränderungen zur Folge, und zwar in dem Sinne, dass sich dadurch die samstäglichen Citybesucherfrequenzen verstärken (samstäglicher Wocheneinkauf)[3].

Die Veränderungen (Abwanderung von Geschäften an den Rand der Stadt oder in die City hinein) sind natürlich je nach Geschäftsart recht unterschiedlich[4].

Zum Schluss dieses Kapitels sei noch erwähnt, dass es für die Entwicklung der zentralörtlichen Beziehungen zwischen City und Umland auch recht bedeutsam sein wird, ob und in welchem Sinne mit Planungsmassnahmen eingegriffen wird.[5]

1 Vergleiche Flüeler 1971, S. 162.
2 Siehe detaillierte Beschreibung in meiner Diplomarbeit (Gerber 1970, S. 159 ff.)
3 Vergleiche Flüeler 1971, S. 57/58.
4 Eine detaillierte Beschreibung dieses Themas findet sich bei Ruppert 1968.
5 Vergleiche dazu: Ringli 1970, Rotach 1969 und Fischer 1973, S. 154 ff..

2.4. Vergleich meiner Ergebnisse mit andern Untersuchungen über die Region

    Schaffhausen

2.4.1. Das Ergänzungsgebiet von Schaffhausen nach der Arbeit von Früh[1]

Ein Vergleich meiner Resultate mit der Arbeit von Früh ist nur bei der Abgrenzung des Umlandes möglich,[2] da Früh für die Verknüpfung der City mit dem Umland andere Indikatoren[3] (eher qualitative) verwendete.

H. Früh hat 1950 das Ergänzungsgebiet von Schaffhausen mit Hilfe folgender Kriterien abgegrenzt: Pendler, Lebensversicherung, Kantonsschüler, Milch und Gemüse, Falkenbier, Bahnbillete und Enquête[4]. Interessant für uns ist seine mit Hilfe einer Enquête durchgeführte Abgrenzung des Ergänzungsgebietes. Bei dieser Enquête stellte F. den Gemeindebehörden im sichern und möglichen Umland von Schaffhausen die Frage : Welche Stadt meinen Sie, wenn Sie sagen: "Wir gehen in die Stadt."?

Das auf diese Weise von Früh ermittelte Ergänzungsgebiet deckt sich im grossen und ganzen mit meinem Umland von Schaffhausen (vergleiche dazu die Karte auf S. 78). Es sind aber doch auch einige Unterschiede festzustellen:

. Jestetten ist heute nicht mehr (wie bei Früh) dem Umland von Schaffhausen zuzuordnen. Wohl existieren starke Beziehungen in die Schweiz hinein[5], jedoch hat sich Jestetten (geschützt durch die Grenze) zu einem kleinen Zentrum mit hohem Selbstversorgungsgrad entwickeln können. Seine Beziehungsintensität macht nur etwa 20 % dessen aus, was wir in der Schweiz im selben Abstand zur Schaffhauser City (Sektor Landesgrenze) erwarten könnten.

---

1 Früh 1950.
2 Diese Einschränkung gilt auch für die andern Untersuchungen (2.4.2. - 2.4.4.).
3 Siehe unten.
4 Früh 1950, S. 40 - 44, Fig. 2 + 6.
5 Jestetten weist von den deutschen Gemeinden im Raum Schaffhausen den höchsten BI - Wert auf (mit Ausnahme von Büsingen und Wiechs). Vergleiche Karte S. 64.

. Im Süden reicht mein Einzugsgebiet etwas weniger weit als dasjenige von Früh, ebenso im Raum Eschenz. Dies ist wohl weniger auf Veränderungen in den 25 Jahren zwischen den beiden Untersuchungen zurückzuführen als auf eine andere Definition der Grenzlinie des Einzugsgebietes. Während Früh die Einzugsgebiete verschiedener Städte mit einer Linie scheidet, ergeben sich bei meiner Methode ausserhalb der 50 % - Linie[1] Spickel mit Lokalzentren, die nicht eindeutig einem übergeordneten Zentrum zuzuordnen sind[2].

## 2.4.2. Vergleich mit der Arbeitsmarktsubregion (ORL)

### 2.4.2.1. Einführung

Für die Untersuchungen der ORL - Industriestandortstudie[3] wurde die Schweiz auf Grund der gegenwärtigen und in Zukunft zu erwartenden Verflechtungen des Arbeitsmarktes in 48 Arbeitsmarktregionen unterteilt[4]. Diese Regionen wurden später in 88 Arbeitsmarktsubregionen (AMSR) unterteilt[5]. Die Arbeitsmarktsubregion Schaffhausen umfasst fünfzig Gemeinden[5]. Vergleiche dazu auch die Karte auf der vorausgegangenen Seite.

### 2.4.2.2. Vergleich mit meiner Abgrenzung

Obwohl es sich bei der AMSR um eine Region andern Inhalts (Arbeitsmarkt) als bei meinem Umland der City von Schaffhausen handelt, zeigt sich doch eine erstaunlich gute Uebereinstimmung. Dies ist allerdings doch nicht gar so verwunderlich, haben doch zahllose Untersuchungen[6] eine starke Korrelation zwischen dem Einzugsgebiet einer Stadt und dem Pendlerbereich (Zupendler) ausgewiesen.

Im Unterschied zu meiner Abgrenzung gehören zur obgenannten Arbeitsmarktsubregion im Süden noch Rheinau und Trüllikon, im Osten Wagenhausen, Eschenz, Rheinklingen und Kaltenbach (dafür gehören bei der AMSR Rüdlingen und Buchberg nicht dazu). Bei der Erklärung der Unterschiede ist nicht nur der andere Inhalt der

1 Vergleiche Kap. 2.3.2.1.6., S. 76.
2 Auch Suter (1969, S. 57) verzichtet in seiner Arbeit (Seetal, AG) auf das Ziehen einer Grenzlinie.
3 Vergleiche Wronsky, 1967.
4 Vergleiche Werczberger, 1964.
5 Vergleiche Elsasser 1971, S. 5 - 36.
6 Vergleiche z. Bsp. Boustedt 1960, S.213 ff. .

AMSR zu nennen, sondern auch der bereits beim Vergleich mit der Arbeit von Früh (Kap. 2.4.1.) genannte Unterschied in der Grenzziehung (bei Früh und auch bei den AMSR sind die Ergänzungsgebiete, resp. Subregionen nahtlos aneinandergefügt, während bei meiner Aufteilung zwischen den Einzugsgebieten "Spickel" entstehen). Nur im Falle von Rüdlingen und Buchberg dürfte es sich um einen effektiven Unterschied handeln.

Büsingen gehört nicht zur AMSR (hier wurden nur schweizerische Gemeinden berücksichtigt), wohl aber zu meinem Cityeinzugsgebiet.


## 2.4.3. Region Schaffhausen nach Stadtplanungsamt

Das Stadtplanungsamt Schaffhausen versuchte, den Wirtschaftsraum[1] Schaffhausen abzugrenzen. Neben den Pendlerverflechtungen wurde die Abgrenzung nach den Erfahrungen der Stadtplaner ad hoc vorgenommen.


Im Vergleich mit meinem Cityeinzugsgebiet fällt auf (vergleiche Karte S.78 u.) dass die Region des Stadtplanungsamtes recht weit gefasst wurde. Im Süden reicht sie bis Andelfingen, im Osten bis Kaltenbach. Der sog. Jestetter - Zipfel wurde ebenfalls zur Region Schaffhausen geschlagen, ebenso einige deutsche Grenzgemeinden: Wiechs, Büsslingen, Schlatt, Riedheim, Ebringen, Bietingen, Randegg, Gailingen und Büsingen.


Die Region des Stadtplanungsamtes ist sicher zu weit gefasst. Dies kann dadurch erklärt werden, dass es sich hier um eine provisorische Abgrenzung (als Arbeitsgrundlage) handelt. Es wurden alle möglicherweise zur Region Schaffhausen gehörenden Gemeinden mitberücksichtigt.


## 2.4.4. Postleitzahlbereich 82..

In deutschen Publikationen[2] wird darauf hingewiesen, dass das Umland einer Stadt eventuell mit Hilfe der Postleitzahlen ermittelt werden könne. Dies erscheint infolge der Grenzlage von Schaffhausen nicht möglich. Die Grenze der

1 Unveröffentliche Unterlagen des Stadtplanungsamtes Schaffhausen .
2 Braun 1969, S. 130 .

Postleitzahl 82.. liegt im Süden knapp vor den Toren Schaffhausens (Uhwiesen gehört bereits nicht mehr dazu), im Osten hingegen reicht der 82.. - Bereich bis Kreuzlingen. Dieser Sachverhalt erklärt sich daraus, dass für die Post eine möglichst rationelle Postzustellung (vom Zentrum der Schweiz her) als Kriterium für die Bildung von Postleitzahlbereichen massgebend war .

Zum Schluss dieses Kapitels (2.4.) möchte ich noch auf die Literatur zum Thema Umlandsabgrenzung hinweisen. Da diese ausserordentlich breit ist, seien lediglich jene Werke herausgegriffen, die ich im Laufe meiner Untersuchungen benötigte (nachfolgend nur jene Publikationen, die nicht bereits anderswo im Kap. 2.4. erwähnt wurden): Klöpper 1957 und 1960, Messmer 1967, Eichenberger 1968 und Knecht 1972.

## 2.5. Vergleich meines Modells (Abnahme der BI in cityfugaler Richtung = Exponentialkurve) mit den Ergebnissen anderer Untersuchungen

Wie im Kap. 2.3.2.1.3., S. 71 gezeigt wurde, kann die Abnahme der Beziehungsintensität in cityfugaler Richtung mit einer Exponentialkurve modellhaft dargestellt werden.

In der Literatur wurde etwa von Pfaffenberger und Wiegert[1] das Problem der Entfernungsfunktion behandelt. Auf Grund von empirischen Untersuchungen und Befragungen kamen sie (allerdings für das Einzugsgebiet von Shopping Centers) auf eine Funktion vom Typ $f(r) = e^{-\frac{t^2}{\alpha^2}}$ . Dies ergibt eine Glockenkurve von nebenstehendem Aussehen. Diese Kurve setzt voraus, dass die Zahl der Centerbesucher mit zunehmendem Abstand zum Center zuerst unterproportional, dann überproportional und in grosser Entfernung wieder unterproportional abnimmt. Die Ueberlegung, die hinter dieser Kurve steckt, ist folgende: Zuerst unterproportionale Abnahme infolge mangelnder Einkaufsalternativen,

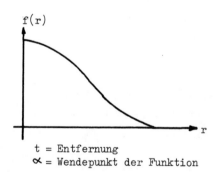

t = Entfernung
∝ = Wendepunkt der Funktion

1 Pfaffenberger, Ulrich und Wiegert 1965, S. 122.

in mittlerem Abstand bewirken Alternativzentren eine überproportionale Abnahme, aus grossem Abstand kommen vorwiegend Zufallsbesucher, bei denen die Entfernung eine geringere Rolle spielt, also wieder unterproportionale Abnahme. Die Kurve von Pfaffenberger und Wiegert hat im mittlern und rechten Teil Aehnlichkeiten mit meiner Exponentialkurve BI $= a\ e^{-bx}$. Die unterproportionale Abnahme in geringem Abstand zum Zentrum konnte bei meiner Untersuchung nicht festgestellt werden.

Eugster[1] verwendet für den Anteil Kunden im Zentrum (in zunehmendem Abstand zu diesem) ebenfalls eine Exponentialkurve wie ich.

Andere Autoren wie Reilly[2] oder Huff[3] behandeln nicht direkt die Zahl der Citybesucher aus dem Umland, sondern die Wahrscheinlichkeit, dass von einem zwischen zwei (zum Beispiel: A und B) Zentren gelegenen Punkt jemand ins Zentrum A kommt. Die Kurve, die sich für diese Wahrscheinlichkeiten (für verschiedene Punkte zwischen A und B) ergibt, muss keine sein, die meiner entspricht, da die Zahl der Citybesuche mit zunehmendem Abstand zur City abnimmt[4] (auch ohne Konkurrenzzentrum)[5].

---

Eugster 1962, S. 207, Abb. 9 .
Reilly 1931 .
Huff 1962, S. 32 ff..
Vergleiche Kap. 2.3.2.1.6., S. 76 .
Eine Uebersicht über verschiedene Modelle gibt Knecht 1972, S. 135 - 154.

## 3. Zusammenfassung

Meine Arbeit verfolgte drei Ziele[1], nämlich Erweiterung der Kenntnisse über das Umland von Schaffhausen, Entwicklung einer neuen Methode zur Umlandserfassung und Entwicklung einer Modellvorstellung über die Abnahme der zentralörtlichen Beziehungsintensität City / Umland in cityfugaler Richtung. Nachfolgend soll gezeigt werden, ob diese Ziele erreicht werden konnten.

### 3.1. Erweiterung der Kenntnisse über das Umland von Schaffhausen

Die Untersuchung hat zahlreiche Erkenntnisse über das Umland von Schaffhausen ermöglicht: Es kann nun von jeder Gemeinde (resp. Gemeindegruppe, im Nahbereich von jedem Quartier) gesagt werden, wie viele erwachsene Personen sie pro Zeiteinheit (Tageszeit, Wochentag, Woche) in die Schaffhauser City entsendet zwecks Einkauf, Aufsuchen von citygebundenen Dienstleistungen etc.

Ebenso konnten die Grenzen des Einzugsgebietes der Schaffhauser City ermittelt werden. Es umfasst alle Gemeinden des Kantons Schaffhausen. Im Süden (in Richtung Winterthur) endet es mit Benken, im Südosten mit Diessenhofen und Schlattingen. Von Deutschland ist lediglich die Gemeinde Büsingen dem Umland der City von Schaffhausen zuzurechnen.

### 3.2. Entwicklung einer neuen Methode zur Umlandserfassung

Zur Lösung der gestellten Fragen wurde eine neue Methode angewandt. Sie basiert auf der Registrierung der Autonummern der in der City parkierten Autos. Mit Hilfe verschiedener Zusatzuntersuchungen konnte so die funktionale Verknüpfung der City mit ihrem Umland quantitativ erfasst werden.

Pluspunkte der Methode: . Die genaue Zahl der Citybesucher aus den einzelnen Gemeinden (resp. Gemeindegruppen, im Nahbereich Quartiere) des Umlandes kann ermittelt werden (nicht nur qualitative Hinweise).
. Der zeitliche Rhythmus der Beziehungsintensität zwischen City und Umland (BI pro Tageszeit, Wochentag, Woche) kann ermittelt werden.

---

1 Vergleiche Kap. 1 (Problemstellung).

Negativpunkte der Methode:  . Die Methode eignet sich aus Gründen des Arbeits-
(resp. Erschwernisse der      aufwandes nur für kleinere Städte. Selbst hier ist
Erhebung)                     dieser beträchtlich.

                            . Die Methode ist nur dann durchführbar, wenn bekannt
                              ist, wie gross der Anteil der motorisierten City-
                              besucher am Citybesuchertotal ist.

                            . Der für einen Citybesuch benutzte Parkraum muss
                              klar abgrenzbar sein.

                            . Die Untersuchung beschränkt sich auf eine relativ
                              kurze Zeit (in meinem Fall auf zwei Wochen). Sai-
                              sonale Schwankungen werden also nicht erfasst.

## 3.3. Modellvorstellung über die Abnahme der zentralörtlichen Beziehungsintensität City / Umland in cityfugaler Richtung

Die Ergebnisse meiner Untersuchungen konnten zu einer Modellvorstellung abstra-
hiert werden, die folgendes besagt:

Schweiz:      . Die funktionale Verknüpfung einer Umlandsgemeinde mit der City
                (gemessen in Citybesuchern/Einwohner der Umlandsgemeinde) nimmt
                mit zunehmender Entfernung exponentiell ab. Beziehungsintensität
                einer Umlandsgemeinde $(BI) = a\ e^{-bx}$.

              . Die Schnelligkeit der Abnahme der BI ist in den drei verschiedenen
                Umlandssektoren unterschiedlich, was sich durch Randbedingungen
                wie Grösse und Distanz eines Nachbarzentrums, Landesgrenze etc.
                deuten lässt.

                Sektor Landesgrenze: Langsame Abnahme (keine Alternative für City-
                                     besuch)

                Sektor Rhein (Ost und Südwest): Mittlere Abnahmegeschwindigkeit
                                     (nur kleine Lokalzentren am Rhein (Nähe der
                                     Landesgrenze)).

                Sektor Süd:          Schnelle Abnahme (Konkurrenzzentrum Winterthur)

Deutschland: . Die Citybesucherfrequenzen aus den deutschen grenzanstossenden
Gemeinden sind abhängig von der Distanz dieser Gemeinden zur
Schaffhauser City. Je weiter weg, desto kleiner die Beziehungs-
intensität (langsame exponentielle Abnahme).

. Von der Grenze weg ins Innere von Deutschland ist die Abnahme
der BI schnell und auch exponentiell.

## 4. Ausblick

Anwendungsgebiete für meine Untersuchungsmethode sehe ich vor allem bei Shopping
Centers, da hier viele Probleme, die bei Stadtzentren auftreten, wegfallen.
Eine wesentliche Reduktion des Arbeitsaufwandes meiner Methode (Autonummernregistrierung) könnte dann eintreten, wenn in Zukunft die Daten über die Autobesitzer bei den Kantonalen Motorfahrzeugkontrollen auf Lochkarten gespeichert
sind. Dann würde sich nämlich das sehr zeitaufwendige Heraussuchen der Wohnorte
der Autobesitzer aus gedruckten Verzeichnissen erübrigen.

Datenanhang

| Gemeinde oder Gemeindegruppe | Einw.[1] | Zeitabstand | | Donnerstag | | Samstag | | Montag–Freitag | | Montag–Samstag | |
|---|---|---|---|---|---|---|---|---|---|---|---|
| | | z.C.[2] | z.cn.Z.[3] | CB[4] | BI[5] | CB | BI | CB | BI | CB | BI |
| Sektor Landesgrenze | | | | | | | | | | | |
| 1 Nahbereich[6] | 32428 | 7,5 | 1 | 8733 | 26,9 | 18869 | 58,2 | 41435 | 127,8 | 60304 | 186 |
| 2 Beringen | 2188 | 13 | 6,5 | 236 | 10,8 | 417 | 19,1 | 1250 | 57,1 | 1667 | 76,2 |
| 3 Lohn und Andere[7] | 970 | 13 | 6,5 | 117 | 12 | 220 | 22,6 | 510 | 52,5 | 729 | 75,2 |
| 4 Merishausen | 507 | 14 | 7,5 | 50 | 9,8 | 108 | 21,2 | 262 | 51,7 | 370 | 73 |
| 5 Hemmental | 361 | 14 | 7,5 | 39 | 10,7 | 72 | 20 | 144 | 39,8 | 216 | 59,7 |
| 6 Thayngen | 3784 | 15 | 8,5 | 369 | 9,8 | 763 | 20,2 | 1618 | 42,8 | 2381 | 62,9 |
| 7 Siblingen/Löhningen | 1268 | 16 | 9,5 | 145 | 11,5 | 211 | 16,7 | 673 | 53,1 | 885 | 69,8 |
| 8 Bargen | 249 | 19 | 12,5 | 32 | 12,8 | 48 | 19,2 | 200 | 80,4 | 248 | 99,5 |
| 9 Neunkirch/Gächlingen | 1843 | 19 | 12,5 | 290 | 15,7 | 384 | 20,8 | 752 | 40,8 | 1136 | 61,6 |
| 10 Bibern u.A.[7] | 583 | 19 | 12,5 | 85 | 14,5 | 49 | 8,4 | 297 | 51 | 346 | 59,3 |
| 11 Hallau/Oberhallau | 2202 | 22 | 15,5 | 220 | 10 | 361 | 16,4 | 820 | 37,2 | 1180 | 53,6 |
| 12 Wilchingen u.A.[7] | 1362 | 24 | 17,5 | 207 | 15,2 | 210 | 15,4 | 757 | 55,6 | 967 | 71 |
| 13 Schleitheim | 1544 | 24 | 17,5 | 164 | 10,6 | 188 | 12,2 | 560 | 36,3 | 749 | 48,5 |
| 14 Trasadingen | 530 | 25 | 18,5 | 33 | 5,9 | 64 | 11,6 | 159 | 29 | 223 | 40,6 |
| 15 Beggingen | 484 | 28 | 21,5 | 50 | 10,4 | 50 | 10,4 | 194 | 40,1 | 244 | 50,4 |

1 Eidg. Volkszählung 1970.

2 Zeitabstand zur City (PKW-Zeitabstand: reine Fahrzeit (60km/h) bis zum Cityrand + 5 Min. für Fahrt vom Cityrand zum Parkplatz und parkieren.

3 Zeitabstand zur citynächsten Zähleinheit. Diese Skala wurde bei den Diagrammen auf S. 66 ff. verwendet. Dort wäre eine Extrapolation der Exponentialkurve über den Bereich der Zähleinheit (Quartiere) bis in die City hinein problematisch gewesen. Der Zeitabstand zur citynächsten Zähleinheit ist also die reine PKW-Fahrzeit bis zu einem Punkt, der 1,5 Min. vom Cityrand entfernt liegt. Die beiden Zeitdistanzen unterscheiden sich also um 6,5 Min.

4 Citybesucher.

5 Beziehungsintensität = Anzahl Citybesuche von erwachsenen Pers./100 Ew. der Zähleinheit (Gemeinde od. Gemeindegruppe).

6 Nahbereich (vergl. Def. auf S.36 ) Zum Nahbereich, Sekt. Landesgrenze, gehören die Quartiere 2, 4, 7-19 (Vergl. S.74).

7 Zu dieser Zähleinheit gehören mehrere Gemeinden. Welche, das kann auf der Legende zu Fig. 24 S. 64 entnommen werden.

| Gemeinde oder Gemeindegruppe | Einw.[1] | Zeitabstand | | Donnerstag | | Samstag | | Montag–Freitag | | Montag–Samstag | |
|---|---|---|---|---|---|---|---|---|---|---|---|
| | | z.C.[2] | z.cn.Z.[3] | CB[4] | BI[5] | CB | BI | CB | BI | CB | BI |
| Sektor Rhein | | | | | | | | | | | |
| 1 Nahbereich[6] | 12599 | 8,2 | 1,7 | 2850 | 22,6 | 5048 | 40,1 | 11708 | 92,9 | 16756 | 133 |
| 2 Büsingen | 980 | 11 | 4,5 | 103 | 10,5 | 240 | 24,5 | 496 | 50,6 | 736 | 75,1 |
| 3 Schlatt | 1084 | 13 | 6,5 | 115 | 10,6 | 253 | 23,4 | 505 | 46,6 | 758 | 69,9 |
| 4 Dörflingen | 469 | 14 | 7,5 | 63 | 13,5 | 110 | 23,5 | 263 | 56 | 373 | 79,5 |
| 5 Diessenhofen | 2966 | 16 | 9,5 | 176 | 5,9 | 385 | 13 | 1033 | 34,8 | 1418 | 47,8 |
| 6 Basadingen | 740 | 18 | 11,5 | 53 | 7,2 | 66 | 9 | 220 | 29,7 | 286 | 38,7 |
| 7 Schlattingen | 396 | 19 | 12,5 | 37 | 9,4 | 26 | 6,4 | 105 | 26,5 | 130 | 32,9 |
| 8 Ramsen u. A.[7] | 1809 | 23 | 16,5 | 194 | 10,7 | 170 | 9,4 | 654 | 36,2 | 824 | 45,6 |
| 9 Rafz | 2215 | 23 | 16,5 | 55 | 2,5 | 266 | 12 | 251 | 11,3 | 516 | 23,3 |
| 10 Kaltenbach u. A.[7] | 1295 | 24 | 17,5 | 42 | 3,2 | 117 | 9,1 | 151 | 11,6 | 268 | 20,7 |
| 11 Stein am Rhein | 2751 | 25 | 18,5 | 191 | 6,9 | 204 | 7,4 | 743 | 27 | 947 | 34,4 |
| 12 Rüdlingen/Buchberg | 792 | 25 | 18,5 | 41 | 5,1 | 116 | 14,6 | 154 | 19,9 | 270 | 34 |
| 13 Wil u. A.[7] | 1826 | 26 | 19,5 | 35 | 1,9 | 51 | 2,8 | 159 | 8,7 | 210 | 11,5 |
| 14 Eglisau | 2160 | 27 | 20,5 | 7 | 0,3 | 46 | 2,1 | 65 | 3 | 111 | 5,1 |
| 15 Eschenz/Mammern | 1624 | 28 | 21,5 | 20 | 1,2 | 43 | 2,7 | 147 | 9 | 190 | 11,7 |
| 16 Steckborn u. A.[7] | 5265 | 34 | 27,5 | 15 | 0,29 | 64 | 1,2 | 144 | 2,8 | 209 | 4 |
| 17 Bülach u. A.[7] | 16380 | 35 | 28,5 | 8 | 0,05 | 111 | 0,68 | 91 | 0,56 | 202 | 1,2 |

Fussnoten 1 – 5, 7: Siehe Seite 102.
6 Zum Nahbereich, Sektor Rhein, gehören die Quartiere 1, 3, 5, 20 – 22, 25 (Vergleiche S.65 u. 74 ).

| Gemeinde oder Gemeindegruppe | Einw.[1] | Zeitabstand z. C.[2] | z. cn. Z[3] | Donnerstag CB[4] | BI[5] | Samstag CB | BI | Montag-Freitag CB | BI | Montag-Samstag CB | BI |
|---|---|---|---|---|---|---|---|---|---|---|---|
| Sektor Süd | | | | | | | | | | | |
| 1 Nahbereich[6] | 3333 | 7,6 | 1,1 | 801 | 24 | 1819 | 54,6 | 3039 | 91,2 | 4858 | 145,7 |
| 2 Uhwiesen | 1048 | 11 | 4,5 | 115 | 10,9 | 164 | 15,6 | 475 | 45,3 | 639 | 61 |
| 3 Dachsen | 793 | 12 | 5,5 | 58 | 7,4 | 160 | 20,2 | 302 | 38 | 462 | 58,2 |
| 4 Benken | 491 | 13 | 6,5 | 59 | 12 | 70 | 14,3 | 217 | 44,2 | 287 | 58,5 |
| 5 Rheinau | 1300 | 14 | 7,5 | 55 | 4,2 | 117 | 9 | 317 | 24,4 | 434 | 33,4 |
| 6 Trüllikon | 724 | 16 | 9,5 | 38 | 5,2 | 50 | 6,9 | 254 | 35,1 | 304 | 42 |
| 7 Marthalen | 1249 | 16 | 9,5 | 54 | 4,3 | 116 | 9,3 | 241 | 19,3 | 357 | 28,6 |
| 8 Truttikon | 275 | 18 | 11,5 | 0 | 0 | 26 | 9,5 | 39 | 14,2 | 65 | 23,7 |
| 9 Ossingen | 898 | 19 | 12,5 | 22 | 2,5 | 31 | 3,4 | 39 | 4,3 | 69 | 7,7 |
| 10 Andelfingen u. A.[7] | 2655 | 21 | 14,5 | 66 | 2,5 | 84 | 3,2 | 218 | 8,2 | 302 | 11,4 |
| 11 Waltalingen u. A.[7] | 859 | 21,5 | 15 | 11 | 1,3 | 42 | 4,9 | 35 | 4,1 | 77 | 9 |
| 12 Stammheim u. A.[7] | 1458 | 22,5 | 16 | 45 | 3,1 | 78 | 5,3 | 105 | 7,2 | 183 | 12,5 |
| 13 Thalheim u. A.[7] | 1076 | 23,5 | 17 | 28 | 2,6 | 8 | 0,7 | 61 | 5,7 | 69 | 6,4 |
| 14 Flaach u. A.[7] | 1729 | 24,5 | 18 | 8 | 0,5 | 0 | 0 | 53 | 3,1 | 53 | 3,1 |
| 15 Hüttwilen u. A.[7] | 932 | 27 | 20,5 | 10 | 1 | 0 | 0 | 28 | 2,9 | 28 | 2,9 |
| 16 Altikon u. A.[7] | 1868 | 28 | 21,5 | 13 | 0,6 | 22 | 1,2 | 42 | 2,3 | 64 | 3,4 |
| 17 Neftenbach u. A.[7] | 8792 | 28 | 21,5 | 32 | 0,4 | 94 | 1,1 | 158 | 1,8 | 251 | 2,9 |
| 18 Wiesendangen u.A.[7] | 5381 | 31 | 24,5 | 23 | 0,4 | 30 | 0,55 | 67 | 1,2 | 96 | 1,8 |
| 19 Winterthur | 92722 | 31 | 24,5 | 240 | 0,3 | 563 | 0,6 | 982 | 1,1 | 1545 | 1,7 |
| 20 Frauenfeld | 17576 | 33 | 26,5 | 22 | 0,13 | 81 | 0,46 | 201 | 1,1 | 282 | 1,6 |
| 21 Embrach u. A.[7] | 9498 | 35 | 28,5 | 52 | 0,5 | 41 | 0,43 | 179 | 1,9 | 219 | 2,3 |

Fussnoten 1-5,7: Siehe S. 102.  6 Zum Nahbereich, Sekt. Süd gehören die Quartiere 6,23,24 (Vergl. S. 65 und 74 ).

| Nahbereichsteile (Quartiere) | Einw.[1] | Zeitabstand zur City[8] | Donnerstag | | Samstag | | Montag–Freitag | | Montag–Samstag | |
|---|---|---|---|---|---|---|---|---|---|---|
| | | | CB[4] | BI[5] | CB | BI | CB | BI | CB | BI |
| 1 Nh. Zollstrasse | 3312 | >30 | 432 | 13 | 885 | 26,7 | 2097 | 63,3 | 2982 | 90 |
| 2 Nh. Oberdorf | 1909 | >30 | 318 | 16,6 | 652 | 34,7 | 1742 | 91,2 | 2403 | 125,9 |
| 3 Nh. Unterdorf | 4154 | >30 | 326 | 7,9 | 1014 | 24,4 | 1709 | 41,1 | 2722 | 65,5 |
| 4 Nh. Hohfluh | 1493 | 20–30 | 348 | 23,3 | 575 | 38,5 | 1757 | 117,7 | 2333 | 156,2 |
| 5 Nh. Scheidegg | 1220 | 20–30 | 237 | 19,4 | 470 | 38,5 | 1140 | 93,4 | 1610 | 132 |
| 6 Flurlingen | 935 | 20–30 | 234 | 25 | 437 | 46,7 | 963 | 103 | 1400 | 149,7 |
| 7 Sh. Steig | 1378 | 0–10/10–20 | 373 | 27,1 | 580 | 42,1 | 2152 | 156,2 | 2732 | 198,2 |
| 8 Sh. Hohlenbaum | 2449 | 10–20 | 683 | 27,9 | 1244 | 50,8 | 2923 | 122,2 | 4237 | 173 |
| 9 Sh. Lahn | 1638 | 20–30 | 489 | 29,8 | 1099 | 67,1 | 2256 | 137,7 | 3355 | 204,8 |
| 10 Sh. Hauental | 1576 | 20–30/ 30 | 537 | 34,1 | 797 | 50,6 | 2000 | 126,9 | 2796 | 177,5 |
| 11 Sh. Mühlental | 1491 | 10–20/20–30 | 349 | 23,4 | 911 | 61,1 | 1509 | 101,2 | 2419 | 162,3 |
| 12 Sh. Weinsteig | 2552 | 10–20 | 683 | 26,8 | 1358 | 53,2 | 3156 | 123,6 | 4513 | 176,8 |
| 13 Sh. Hochstrasse | 4595 | 20–30 | 1394 | 30,3 | 3394 | 73,9 | 6695 | 145,7 | 10089 | 219,6 |
| 14 Sh. Herblingen | 1698 | >30 | 411 | 24,2 | 866 | 51 | 2004 | 118 | 2870 | 170,2 |
| 15 Sh. Fulach/Ebnat | 2431 | 10–20/20–30 | 586 | 24,1 | 1574 | 64,7 | 2778 | 114,3 | 4352 | 179 |
| 16 Sh. Gruben | 1530 | 10–20 | 597 | 39 | 1195 | 78,1 | 2374 | 155,1 | 3569 | 233,2 |
| 17 Sh. Niklausen | 2556 | 20–30 | 609 | 23,8 | 1510 | 59,1 | 2794 | 109,3 | 4304 | 168,4 |
| 18 Sh. Emmersberg | 3391 | 0–10/10–20 | 772 | 22,8 | 1744 | 51,4 | 4041 | 119,2 | 5785 | 170,6 |
| 19 Sh. Zündelgut | 1741 | 20–30 | 626 | 35,9 | 1361 | 78,2 | 3187 | 183 | 4547 | 261,2 |
| 20 Sh. Buchthalen | 1351 | 20–30 | 613 | 45 | 937 | 69,4 | 2367 | 175,2 | 3304 | 244,5 |
| 21 Sh. Fischerhäuser | 1410 | 10–20 | 562 | 39,9 | 759 | 53,8 | 1925 | 136,5 | 2683 | 190,3 |
| 22 Sh. Rheinhalde | 413 | 20–30 | 515 | (124,7) | 699 | (169,2) | 1838 | (445 ) | 2537 | (614,2) |
| 23 Ft. Unterdorf | 1045 | 10–20 | 232 | 22,2 | 523 | 50,1 | 728 | 69,7 | 1251 | 119,7 |
| 24 Ft. Oberdorf | 1353 | 10–20/20–30 | 335 | 24,8 | 859 | 63,5 | 1348 | 99,6 | 2207 | 163,1 |
| 25 Ft. Langwiesen | 739 | >30 | 164 | 22,2 | 284 | 38,5 | 633 | 85,7 | 918 | 124,2 |

Fussnoten 1, 4 und 5: Siehe Seite 102.

8 Fussgängerzeitabstand zur City. (Gewisse Quartiere liegen in zwei verschiedenen Abstandszonen).

9 Einwohnerzahl war im Zeitpunkt der Autonummernregistrierung wesentlich höher —→ unrealistischer BI – Wert.

| Gemeinde oder Gemeindegruppen | Donnerstag | | | | | | Samstag | | | | | |
|---|---|---|---|---|---|---|---|---|---|---|---|---|
| | Morgen R 1-3 | | Nachmittag R 4-6 | | Abend R 7-10 | | Morgen R 1-3 | | Nachmittag R 4-6 | | Abend R 7-10 | |
| Sektor Landesgrenze | CB[4] | BI[5] | CB | BI | CB | BI | CB | BI | CB | BI | CB | BI |
| 1 Nahbereich[6] | 2088 | 6,4 | 3973 | 12,2 | 2711 | 8,3 | 6622 | 20,4 | 7994 | 24,7 | 4253 | 13,1 |
| 2 Beringen | 47 | 2,1 | 105 | 4,8 | 85 | 3,9 | 131 | 6 | 211 | 9,6 | 75 | 3,4 |
| 3 Lohn u.A.[7] | 9 | 0,9 | 71 | 7,3 | 37 | 3,9 | 120 | 12,3 | 71 | 7,3 | 29 | 3 |
| 4 Merishausen | 5 | 0,9 | 34 | 6,7 | 11 | 2,2 | 23 | 4,5 | 72 | 14,2 | 13 | 2,5 |
| 5 Hemmental | 16 | 4,5 | 16 | 4,3 | 7 | 1,9 | 17 | 4,8 | 48 | 13,4 | 7 | 1,9 |
| 6 Thayngen | 61 | 1,6 | 184 | 4,9 | 124 | 3,3 | 257 | 6,8 | 363 | 9,6 | 143 | 3,8 |
| 7 Siblingen/Löhningen | 22 | 1,7 | 103 | 8,1 | 20 | 1,6 | 21 | 1,7 | 128 | 10,1 | 62 | 4,9 |
| 8 Bargen | 0 | 0 | 32 | 12,8 | 0 | 0 | 34 | 13,8 | 8 | 3,4 | 5 | 2 |
| 9 Neunkirch/Gächlingen | 39 | 2,1 | 151 | 8,2 | 100 | 5,4 | 95 | 5,2 | 221 | 12 | 66 | 3,6 |
| 10 Biberm u.A.[7] | 17 | 2,9 | 48 | 8,3 | 20 | 3,4 | 0 | 0 | 41 | 7 | 8 | 1,4 |
| 11 Hallau/Oberhallau | 29 | 1,3 | 117 | 5,3 | 74 | 3,3 | 120 | 5,4 | 216 | 9,8 | 25 | 1,1 |
| 12 Wilchingen u.A.[7] | 22 | 1,6 | 132 | 9,7 | 53 | 3,9 | 26 | 1,9 | 139 | 10,2 | 45 | 3,3 |
| 13 Schleitheim | 24 | 1,6 | 87 | 5,6 | 53 | 3,4 | 60 | 3,9 | 92 | 5,9 | 37 | 2,4 |
| 14 Trasadingen | 4 | 0,7 | 22 | 3,9 | 7 | 1,3 | 17 | 3,2 | 15 | 2,8 | 31 | 5,6 |
| 15 Beggingen | 4 | 0,9 | 43 | 8,9 | 3 | 0,6 | 26 | 5,3 | 9 | 1,8 | 16 | 3,2 |

Fussnoten 4 – 7: Siehe S. 102.

| Gemeinde oder Gemeindegruppe | Donnerstag | | | | | | Samstag | | | | | |
|---|---|---|---|---|---|---|---|---|---|---|---|---|
| | Morgen R 1-3 | | Nachmittag R 4-6 | | Abend R 7-10 | | Morgen R 1-3 | | Nachmittag R 4-6 | | Abend R 7-10 | |
| Sektor Rhein | CB[4] | BI[5] | CB | BI | CB | BI | CB | BI | CB | BI | CB | BI |
| 1 Nahbereich[6] | 741 | 5,9 | 1214 | 9,6 | 894 | 7,1 | 1846 | 14,6 | 2234 | 17,7 | 969 | 7,7 |
| 2 Büsingen | 11 | 1,2 | 72 | 7,3 | 20 | 2,1 | 152 | 15,6 | 77 | 7,9 | 10 | 1,1 |
| 3 Schlatt | 18 | 1,6 | 69 | 6,3 | 29 | 2,6 | 121 | 11,2 | 60 | 5,6 | 72 | 6,6 |
| 4 Dörflingen | 9 | 1,9 | 43 | 9,3 | 11 | 2,4 | 35 | 7,4 | 46 | 9,8 | 30 | 6,3 |
| 5 Diessenhofen u.A.[7] | 39 | 1,3 | 104 | 3,5 | 34 | 1,1 | 105 | 3,5 | 246 | 8,3 | 34 | 1,1 |
| 6 Basadingen | 13 | 1,8 | 37 | 5 | 3 | 0,5 | 35 | 4,7 | 16 | 2,2 | 15 | 2,1 |
| 7 Schlattingen | 4 | 1,1 | 33 | 8,3 | 0 | 0 | 26 | 6,4 | 0 | 0 | 0 | 0 |
| 8 Ramsen u.A.[7] | 13 | 0,7 | 160 | 8,9 | 21 | 1,1 | 60 | 3,3 | 89 | 4,9 | 21 | 1,2 |
| 9 Rafz | 9 | 0,4 | 25 | 1,2 | 21 | 0,9 | 43 | 2 | 150 | 6,7 | 73 | 3,3 |
| 10 Kaltenbach u.A.[7] | 13 | 1 | 26 | 2 | 3 | 0,3 | 44 | 3,4 | 58 | 4,5 | 15 | 1,2 |
| 11 Stein am Rhein | 31 | 1,1 | 120 | 4,3 | 40 | 1,5 | 70 | 2,5 | 123 | 4,5 | 11 | 0,4 |
| 12 Rüdlingen/Buchberg | 13 | 1,6 | 21 | 2,7 | 7 | 0,8 | 35 | 4,4 | 50 | 6,3 | 31 | 4 |
| 13 Wil u.A.[7] | 16 | 0,9 | 16 | 0,9 | 3 | 0,2 | 17 | 0,1 | 33 | 1,8 | 0 | 0 |
| 14 Eglisau | 4 | 0,2 | 0 | 0 | 3 | 0,15 | 9 | 0,4 | 34 | 2 | 4 | 0,2 |
| 15 Eschenz/Mammern | 4 | 0,3 | 16 | 1 | 0 | 0 | 9 | 0,5 | 25 | 1,5 | 10 | 0,6 |
| 16 Steckborn u.A.[7] | 0 | 0 | 5 | 0,1 | 10 | 0,2 | 17 | 0,3 | 32 | 0,6 | 15 | 0,3 |
| 17 Bülach u.A.[7] | 0 | 0 | 5 | 0,03 | 3 | 0,02 | 26 | 0,16 | 41 | 0,25 | 44 | 0,27 |

Fussnoten 4, 5, 7: Siehe S. 102.    Fussnote 6: Siehe S. 103.

| Gemeinde oder Gemeindegruppe | Donnerstag | | | | | | Samstag | | | | | |
| --- | --- | --- | --- | --- | --- | --- | --- | --- | --- | --- | --- | --- |
| | Morgen R 1-3 | | Nachmittag R 4-6 | | Abend R 7-10 | | Morgen R 1-3 | | Nachmittag R 4-6 | | Abend R 7-10 | |
| Sektor Süd | CB[4] | BI[5] | CB | BI | CB | BI | CB | BI | CB | BI | CB | BI |
| 1 Nahbereich[6] | 125 | 3,8 | 427 | 12,8 | 250 | 7,5 | 478 | 14,3 | 753 | 22,6 | 588 | 17,6 |
| 2 Uhwiesen | 16 | 1,6 | 69 | 6,6 | 29 | 2,7 | 61 | 5,8 | 76 | 7,2 | 27 | 2,6 |
| 3 Dachsen | 13 | 1,7 | 37 | 4,6 | 9 | 1,1 | 39 | 4,9 | 76 | 9,6 | 45 | 5,7 |
| 4 Benken | 11 | 2,2 | 39 | 8 | 9 | 1,8 | 18 | 3,6 | 34 | 6,8 | 19 | 3,9 |
| 5 Rheinau | 11 | 0,9 | 37 | 2,8 | 7 | 0,5 | 12 | 0,9 | 66 | 5,1 | 39 | 3 |
| 6 Trüllikon | 9 | 1,2 | 22 | 3,1 | 7 | 1 | 17 | 2,4 | 17 | 2,4 | 16 | 2,2 |
| 7 Marthalen | 9 | 0,7 | 29 | 2,3 | 17 | 1,3 | 41 | 3,3 | 49 | 4 | 26 | 2,1 |
| 8 Truttikon | 0 | 0 | 0 | 0 | 0 | 0 | 0 | 0 | 15 | 5,6 | 11 | 3,9 |
| 9 Ossingen | 9 | 1 | 10 | 1 | 3 | 0,3 | 17 | 1,9 | 8 | 0,9 | 5 | 0,6 |
| 10 Andelfingen u. A.[7] | 13 | 0,5 | 46 | 1,7 | 7 | 0,3 | 9 | 0,3 | 50 | 1,9 | 25 | 1 |
| 11 Waltalingen u. A.[7] | 4 | 0,5 | 0 | 0 | 7 | 0,8 | 17 | 2 | 25 | 2,9 | 0 | 0 |
| 12 Stammheim u. A.[7] | 4 | 0,3 | 38 | 2,6 | 3 | 0,2 | 26 | 1,8 | 41 | 2,8 | 11 | 0,7 |
| 13 Thalheim u. A.[7] | 17 | 1,6 | 11 | 1 | 0 | 0 | 0 | 0 | 8 | 0,7 | 0 | 0 |
| 14 Flaach u. A.[7] | 0 | 0 | 5 | 0,3 | 3 | 0,2 | 0 | 0 | 0 | 0 | 0 | 0 |
| 15 Hüttwilen u. A.[7] | 4 | 0,5 | 5 | 0,5 | 0 | 0 | 0 | 0 | 0 | 0 | 0 | 0 |
| 16 Altikon u. A.[7] | 0 | 0 | 6 | 0,3 | 7 | 0,3 | 9 | 0,5 | 9 | 0,5 | 4 | 0,2 |
| 17 Neftenbach u. A.[7] | 7 | 0,1 | 21 | 0,2 | 3 | 0,04 | 52 | 0,6 | 32 | 0,4 | 9 | 0,1 |
| 18 Wiesendangen u.A.[7] | 0 | 0 | 16 | 0,3 | 7 | 0,1 | 0 | 0 | 9 | 0,2 | 21 | 0,4 |
| 19 Winterthur | 54 | 0,06 | 125 | 0,13 | 60 | 0,07 | 116 | 0,13 | 318 | 0,34 | 129 | 0,14 |
| 20 Frauenfeld | 0 | 0 | 15 | 0,08 | 7 | 0,04 | 9 | 0,05 | 42 | 0,24 | 30 | 0,17 |
| 21 Embrach u. A.[7] | 9 | 0,09 | 27 | 0,3 | 17 | 0,2 | 9 | 0,1 | 16 | 0,17 | 16 | 0,17 |

Fussnoten 4, 5, 7: Siehe S. 102.    Fussnote 6: Siehe S. 104.

| Nahbereichsteile (Quartiere) | Donnerstag | | | | | | Samstag | | | | | |
|---|---|---|---|---|---|---|---|---|---|---|---|---|
| | Morgen R 1-3 | | Nachmittag R 4-6 | | Abend R 7-10 | | Morgen R 1-3 | | Nachmittag R 4-6 | | Abend R 7-10 | |
| | CB[4] | BI[5] | CB | BI | CB | BI | CB | BI | CB | BI | CB | BI |
| 1 Nh Zollstrasse | 77 | 2,3 | 248 | 7,5 | 106 | 3,2 | 394 | 11,9 | 383 | 11,5 | 109 | 3,3 |
| 2 Nh Oberdorf | 92 | 4,8 | 139 | 7,3 | 87 | 4,5 | 197 | 10,3 | 332 | 17,4 | 133 | 7 |
| 3 Nh Unterdorf | 43 | 1 | 136 | 3,3 | 147 | 3,5 | 254 | 6,1 | 531 | 12,8 | 229 | 5,5 |
| 4 Nh Hohfluh | 44 | 3 | 204 | 13,6 | 100 | 6,7 | 156 | 10,4 | 288 | 19,3 | 131 | 8,8 |
| 5 Nh Scheidegg | 57 | 4,7 | 97 | 8 | 83 | 6,8 | 64 | 5,3 | 329 | 26,9 | 77 | 6,3 |
| 6 Flurlingen | 41 | 4,3 | 127 | 13,6 | 66 | 7,1 | 137 | 14,6 | 198 | 21,2 | 102 | 10,9 |
| 7 Sh Steig | 97 | 7 | 153 | 11,1 | 124 | 9 | 286 | 20,7 | 212 | 15,4 | 83 | 6 |
| 8 Sh Hohlenbaum | 188 | 7,7 | 323 | 13,2 | 172 | 7 | 482 | 19,7 | 515 | 21 | 247 | 10,1 |
| 9 Sh Lahn | 107 | 6,5 | 191 | 11,7 | 191 | 11,6 | 523 | 31,9 | 377 | 23 | 200 | 12,2 |
| 10 Sh Hauental | 104 | 6,6 | 299 | 19 | 134 | 8,5 | 291 | 18,4 | 327 | 20,7 | 180 | 11,4 |
| 11 Sh Mühlental | 76 | 5,1 | 184 | 12,4 | 88 | 5,9 | 294 | 19,7 | 409 | 27,4 | 208 | 13,9 |
| 12 Sh Weinsteig | 192 | 7,5 | 273 | 10,7 | 219 | 8,6 | 509 | 19,9 | 611 | 24 | 238 | 9,3 |
| 13 Sh Hochstrasse | 346 | 7,5 | 610 | 13,3 | 438 | 9,5 | 1351 | 29,4 | 1380 | 30 | 663 | 14,4 |
| 14 Sh Herblingen | 122 | 7,2 | 185 | 10,9 | 105 | 6,2 | 265 | 15,6 | 354 | 20,8 | 247 | 14,6 |
| 15 Sh Fulach/Ebnat | 140 | 5,8 | 244 | 10,1 | 201 | 8,3 | 409 | 16,8 | 769 | 31,6 | 396 | 16,3 |
| 16 Sh Gruben | 72 | 4,7 | 317 | 20,7 | 208 | 13,6 | 484 | 31,6 | 485 | 31,7 | 226 | 14,8 |
| 17 Sh Niklausen | 119 | 4,6 | 277 | 10,9 | 213 | 8,3 | 371 | 14,5 | 734 | 28,7 | 405 | 15,8 |
| 18 Sh Emmersberg | 194 | 5,8 | 297 | 8,7 | 281 | 8,3 | 570 | 16,8 | 669 | 19,7 | 505 | 14,9 |
| 19 Sh Zündelgut | 196 | 11,3 | 277 | 15,9 | 152 | 8,7 | 438 | 25,2 | 532 | 30,6 | 390 | 22,4 |
| 20 Sh Buchthalen | 177 | 13,1 | 273 | 20,2 | 164 | 12,1 | 433 | 32 | 337 | 24,9 | 168 | 12,4 |
| 21 Sh Fischerhäuser | 136 | 9,7 | 240 | 17 | 187 | 13,2 | 272 | 19,3 | 345 | 24,5 | 142 | 10,1 |
| 22 Sh Rheinhalde | 215 | (51,9) | 134 | (32,7) | 167 | (40,4) | 326 | (78,8) | 222 | (53,7) | 152 | (36,7) |
| 23 Ft Unterdorf | 18 | 1,8 | 154 | 14,8 | 60 | 5,7 | 119 | 11,4 | 148 | 14,1 | 257 | 24,6 |
| 24 Ft Oberdorf | 66 | 4,9 | 146 | 10,8 | 124 | 9,1 | 222 | 16,4 | 407 | 30,1 | 230 | 17 |
| 25 Ft Langwiesen | 36 | 4,9 | 87 | 11,8 | 41 | 5,5 | 103 | 14 | 89 | 12 | 93 | 12,5 |

Fussnoten 4 und 5 siehe Seite 102 . Fussnote 9 siehe Seite 105 .

| Deutsche Gemeinden (od. Gemeindegruppen) | Ew.[1] | PKW-Zeitabst. zur City | PKW-Zeitabst. zur deutschen Grenzgem. | Citybes. Mo-Sa | Beziehungs- int. Mo-Sa |
|---|---|---|---|---|---|
| Sektor Jestetten (J) | | | | | |
| J 1 Jestetten | 4378 | 14 | 0 | 722 | 16,5 |
| J 2 Lottstetten | 2125 | 17 | 3 | 207 | 9,7 |
| J 3 Berwangen + Baltersweil | 562 | 21 | 7 | 29 | 6,3 |
| J 4 Dettighofen + Bühl | 875 | 25 | 11 | 41 | 4,7 |
| Sektor Klettgau (K) | | | | | |
| K 1 Klettgau | 5596 | 27 | 0 | 326 | 5,8 |
| K 2 Geisslingen | 687 | 31 | 4 | 20 | 2,9 |
| K 3 Lauchringen + Tiengen | 14197 | 38 | 11 | 65 | 0,5 |
| Sektor Stühlingen (St) | | | | | |
| St 1 Stühlingen + Weizen | 2942 | 30 | 0 | 200 | 6,8 |
| St 2 Eggingen + Eberfingen | 1682 | 32 | 2 | 57 | 3,4 |
| St 3 Fützen | 785 | 38 | 8 | 13 | 1,7 |
| St 4 Lausheim u. Umgebung[2] | 1114 | 38 | 8 | 26 | 2,3 |
| Sektor Blumberg (B) | | | | | |
| B 1 Blumberg | 9945 | 37 | 0 | 243 | 2,4 |
| B 2 Hüfingen | 5532 | 50 | 13 | 10 | 0,2 |

1 Ew. / Gemeinde in den Landkreisen Konstanz und Waldshut: 31. 12. 73; Donaueschingen: 30. 6. 72.
2 Genaues Verzeichnis der dazugehörenden Gemeinden: Siehe S.82

| Deutsche Gemeinden (od. Gemeindegruppen) | Ew.[1] | PKW-Zeitabst. zur City | PKW-Zeitabst. zur deutschen Grenzgem. | Citybes. Mo-Sa | Beziehungs- int. Mo-Sa |
|---|---|---|---|---|---|
| Sektor Wiechs (W) | | | | | |
| W 1 Wiechs | 387 | 19 | 0 | 87 | 22,5 |
| W 2 Büsslingen | 986 | 22 | 3 | 92 | 9,4 |
| W 3 Tengen | 1565 | 26 | 7 | 54 | 3,5 |
| W 4 Engen u. Umgebung[2] | 10719 | 32 | 13 | 65 | 0,6 |
| Sektor Singen (Si) | | | | | |
| Si1 Gailingen | 2358 | 17 | 0 | 136 | 5,8 |
| Si2 Bietingen | 1031 | 17 | 0 | 117 | 11,3 |
| Si3 Randegg | 1246 | 19 | 2 | 57 | 4,6 |
| Si4 Gottmadingen | 6933 | 22 | 5 | 226 | 3,3 |
| Si5 Hilzingen | 4504 | 24 | 7 | 101 | 2,2 |
| Si6 Singen | 45885 | 30 | 13 | 590 | 1,3 |
| Si7 Rielasingen | 5833 | 30,5 | 13,5 | 122 | 2,1 |
| Si8 Radolfszell u. Umgebung[2] | 23026 | 36 | 19 | 104 | 0,5 |
| Si9 Worblingen-Gundholzen | 6552 | 37 | 20 | 35 | 0,5 |
| Sektor Oehningen (O) | | | | | |
| O 1 Oehningen | 1630 | 29 | 0 | 49 | 3 |
| O 2 Wangen-Horn[2] | 3957 | 38 | 9 | 30 | 0,8 |
| Ohne Zuordnung zu einem Sektor (OZ) | | | | | |
| OZ1 Riedheim | 800 | 23 | - | 54 | 6,8 |
| OZ2 Binningen/Welschingen | 1801 | 25 | - | 27 | 1,5 |

Fussnoten: Siehe S. 110.

## Literaturverzeichnis

| | |
|---|---|
| Annaheim, Hans | Die Raumgliederung des Hinterlandes von Basel. In: Wirtschaft und Verwaltung, Heft 3. 1950. |
| | Die Basler Region - Raumstruktur und Raumplanung. Basel 1963. |
| Atteslander, Peter | Der Mensch als Nutzniesser der Infrastruktur. In: ORL Hefte Nr. 3, S. 85 ff. Zürich 1969. |
| Bächtold, Rolf | Der moderne Wohnungs- und Siedlungsbau als soziolog. Problem. Diss. Freiburg (CH) 1964. |
| Bartels, Dieter | Wirtschafts- und Sozialgeographie. 1969. |
| Beck, Hansjürg | Der Kulturzusammenstoss zwischen Stadt und Land in einer Vorortsgem. (Witikon). Diss. Univ. ZH 1952. |
| Boesch, Hans | Weltwirtschaftsgeographie. Braunschweig 1966. |
| Bosshart, Roland | Notwendigkeit und Möglichkeit einer Raumordnung in der Schweiz. Diss. St. Gallen 1968. |
| Boudon, Raymond | Mathematische Modelle und Methoden. Frankfurt 1973. |
| Boustedt, Olaf | Die zentralen Orte und ihre Einflussbereiche. In: Proceedings of the IGU. Symposium in Urban Geography. S. 201 - 206. Lund 1960. |
| | Die Stadtregionen der BRD. In: Forschungs- und Sitzungsberichte der Akademie für Raumforschung und Landesplanung. 1960. S. 5 - 29. |
| Braun, G. | Zentrale Orte und ihre Bereiche. In: Das Frankenland, Heft 2. Diss. Würzburg 1968. |
| Breitling, Peter | Die Unterteilung von Stadtteilen nach planerischen Gesichtspunkten. In: Forschungs- und Sitzungsberichte der Akademie für Raumforschung und Landesplanung, Bd. 42. Hannover 1968. |
| Christaller, Walter | Die zentralen Orte in Süddeutschland. Jena 1933. Nachdruck Darmstadt 1968. |
| Converse, P. D. | A Study of Retail Trade Areas in East Central Illinois. Business Studies No. 2. University of Illinois, Urbana (Ill.) 1943. |

Eichenberger, Ulrich — Die Agglomeration Basel in ihrer raumzeitlichen Struktur. Basler Beiträge zur Geographie, Heft 8. Diss. Basel 1968.

Elsasser, Hans — Die Standortanforderungen der schweizerischen Industrie. In: Arbeitsbericht Nr. 10 des ORL - Instituts der ETH. Zürich 1969.

Die regionale Verteilung der Industriegesellschaft in der Schweiz im Jahre 2000 - Trendentwicklung. In: ORL - DISP 21. Zürich 1971.

Eugster, W. — Detailhandelsverkaufsflächen in Einkaufszentren. In: Plan 1962, S. 199 ff..

Fehre, Horst — Zykl. Wachstum der Grossstädte. Berichte zur dt. Landeskunde. Bd. 7, Heft 2. Stuttgart 1950.

Allgemeine Gesichtspunkte zur bezirklichen Verwaltungsgliederung. Akademie für Raumforschung und Landesplanung, Bd. 42. 1968.

Fischer, Georges — Schaffhausen - Zukunft einer Region. Sozio - ökonom. Strukturanalyse der Stadt und Region Schaffhausen als Grundlage zur Erarbeitung eines Leitbildes. Schaffhausen 1973.

Flüeler, Niklaus — Die Schweiz von morgen. Zürich 1971.

Fourastié, Jean — Die 40 000 Stunden. Düsseldorf 1966.

Früh, Hans — Beiträge zur Stadtgeographie Schaffhausen. Diss. Univ. ZH. Thayngen 1950.

Gellert, W. — Kleine Enzyklopädie - Mathematik. Basel 1969.

Gerber, Max — Neuhausen am Rheinfall - Eine stadtgeographische Untersuchung. Diplomarbeit Univ. Zürich 1970.

Hollmann, Heinz — Die Gliederung des Stadtgebietes. Akademie für Raumforschung und Landesplanung, Bd.42. Hannover 1968.

Hofmeister, Burkhard — Stadtgeographie. Braunschweig 1969.

Hohl, Markus — Der öffentliche Verkehr in der Agglomeration Bern. Diss. Univ. Bern 1964.

Huff, David L. — Determination of Intra - Urban Retail Trade Areas. Real Estate Research Program, University of Calif. Los Angeles 1962.

Jenny, Johannes F. — Beziehungen der Stadt Basel zu ihrem ausländischen Umland. Diss. Univ. Basel 1969.

Kälin, Alfons — Die Stadt Sursee und ihr Umland. Diss. Basel 1969.

Kant, Edgar — Zur Frage der innern Gliederung der Stadt mit Hilfe von bevölkerungskartographischen Methoden. In: Proceedings of the IGU Symposium in Urban Geography. Lund 1960.

Kellerer, Hans — Statistik im modernen Wirtschafts- und Sozialleben. Reinbek bei Hamburg. 12. Auflage 1970.

Klöpper, Rudolf — Die dt. geogr. Stadt/Umlandforschung. Entwicklung. in: Raumforschung und Raumordnung. Heft 2/3. S. 92 ff..

Rheinland - Pfalz in seiner Gliederung nach zentralörtlichen Bereichen. Remagen 1957.

Knecht, Robert F. — Fragen der Standortplanung von Shopping Centers. Diss. Univ. Zürich. Bern 1972.

Körber, Jürgen — Rheinland - Pfalz in seiner Gliederung nach zentralörtlichen Bereichen. Remagen 1957.

Lauritzen, L. — Zur Konzeption der künftigen Städtebaupolitik. 1969.

Lindauer, Gerhard — Beiträge zur Erfassung der Verstädterung in ländlichen Räumen. In: Stuttgarter Geogr. Studien, Bd. 80. Diss. Stuttgart 1970.

Mackensen, Rainer — Soziale Anlagen einer mobilen Gesellschaft. In: Proceedings of the IGU. Symposium in Urban Geography. Lund 1960.

Neef, Ernst — Die Veränderlichkeit der zentralen Orte niedrigen Ranges. In: Proceedings of the IGU Symposium in Urban Geography. Lund 1960.

Netzer, R. — Probleme der Grossstadt in der Demokratie des Kleinstaates. Diss. Univ. Zürich 1965.

Noelle, Elisabeth — Umfragen in der Massengesellschaft. Hamburg 1963.

Oesterle, Beat — Regionale Kaufkraft und Kaufkraftströme. Diss. Hochschule St. Gallen. Bern 1970.

Pfaffenberger, Ulrich u. Wiegert, Rolf — Zur Bestimmung des optimalen Standorts eines Einkaufszentrums. In: Unternehmungsforschung, 9. Jahrg. Nr. 2 1965.

Reilly, William J. — The Law of Retail Gravitation. New York 1931.

Reiniger, Kurt — Parkbauten in Schaffhausen. Bericht z. Hd. Pro City. Schaffhausen 1967.

Ringli, Helmut — Landesplanerisches Leitbild der Schweiz. Zweiter Zwischenbericht. In: Schriftenreihe zur Orts-, Regional- und Landesplanung, Heft Dez. 1970. Institut für ORL, ETHZ 1970.

| | |
|---|---|
| Rotach, Martin | Landesplanerische Leitbilder der Schweiz. In: Schriften-reihe zur ORL, Nr. 2, Nov. 1969. Institut für ORL, ETHZ. Zürich 1969. |
| Ruppert, Karl | Gliederung des Stadtgebietes. Akademie für Raumforsch-und und Landesplanung, Bd. 42. 1968. |
| Sombart, Nicolaus | Stadtstrukturen von morgen. In: Lauritzen(Städtebau der Zukunft. Düssseldorf und Wien. 1969). |
| Spiegel, Erika | Stadt und Regionalplanung in Israel. AfK. 1969. |
| Suter, Dieter A. | Zentralörtliche Strukturen im aargauischen Seetal. Diss. Univ. Zürich 1969. |
| Swoboda, Helmut | Knaurs Buch der modernen Statistik. München 1974. |
| Schöller, Peter | Allgemeine Stadtgeographie. In: Wege der Forschung, Bd. 181. Darmstadt 1969. |
| Schrader, Achim | Die soziale Bedeutung des Besitzes in der Konsumge-sellschaft. In: Dortmunder Schriften zur Sozialforsch-ung, Nr. 32. Köln 1966. |
| Staedeli, Hanspeter | Die Stadtgebiete der Schweiz. Diss. Univ. Zürich 1969. |
| St. Galler Tagblatt | Sonderausgabe III / 1974. |
| Vogel, H. J. | Bodenspekulation. In Stern: 25.5. 1971. |
| Walther, Peter | In Spreitenbach steigt die Kauflust jeweils in den Abendstunden. In: Tages Anzeiger Zürich, 13. 3. 1974. |
| Wallis, W. Allen | Methoden der Statistik. Reinbek bei Hamburg 1969. |
| Werczberger, E. | Untersuchungen über die Pendlerregionen und Einteilung der Schweiz in AMR. ISO - Studie. Zwischenbericht Nr.2 ORL - Institut, ETH Zürich 1964. |
| Wirth, Walter | Zur Anthropogeographie der Stadt und Landschaft Schaff-hausen. Diss. Univ. Zürich 1918. |
| Wronsky, D. | Zentrale Dienste. Untersuchung über den Ausstattungsgrad der schweiz. Gemeinden mit zentralen Diensten. Zwischen-Bericht Nr. 3 zur ISO Studie. ORL Institut ETH Zürich 1967. |

Quellen- und Kartenverzeichnis

## 1. Schweiz

### 1.1. Ungedruckte Quellen und Karten

Neuhausen am Rheinfall. Gemeindezusammenzug: Einwohnerzahlen der 83 Zählkreise, Eidg. Volkszählung 1970. (Einwohnerkontrolle Neuh. a. Rhf.)

Feuerthalen. Gemeindezusammenzug: Einwohnerzahlen der 16 Zählkreise, eidg. Volkszählung 1970 (Ew. kontrolle, Feuerthalen)

Wirtschaftsräume in der Region Schaffhausen. Uebersichtskarte Region Schaffhausen, 1: 200 000. Bearbeiter U. Staub (Stadtplanungsamt Schaffhausen).

Erreichbarkeit des Stadtzentrums mit Personenwagen. Isochronenkarte 1 : 100 000. Bearbeitet von U. Staub. (Stadtplanungsamt Schaffhausen, 1973)

Schaffhausen. Stadtplan 1 : 2000 (Stadtplanungsamt Schaffhausen).

Neuhausen am Rheinfall. Uebersichtsplan 1 : 2000   (Bauamt Neuhausen).

Neuhausen am Rheinfall. Uebersichtsplan 1 : 7500   (Bauamt Neuhausen am Rheinfall).

### 1.2. Gedruckte Quellen und Karten

| | |
|---|---|
| Eidg. Stat. Amt | Eidg. Volkszählung 1970. Wohnbev. der Gem. Bern 1971. |
| Eidg. Stat. Amt | Eidg. Volkszählung 1970. Ew.zahlen von 117 Zähleinheiten der Stadt SH (Stadtplanungsamt SH) |
| Baudirektion des Kt. Schaffh. | Sozio - ökonomische Grundlagen für die Orts- und Regionalplanung. In: Information, Heft 7. Schaffhausen 1972. |
| Schaffhausen, Kt. | SH - Autoindex 1973 (Stand Okt. 1972). Schaffhausen 1972. |
| Zürich, Kt. | Automobilverzeichnis des Kantons Zürich 1973. (Stand 31. 12. 72). Zürich 1973. |
| Thurgau, Kt. | Auto - Verzeichnis des Kantons Thurgau 1973 (Stand Herbst 1972). Weinfelden 1972. |
| Schaffhausen | Offizieller Stadtplan von Schaffhausen und Neuhausen. 1 : 10 000. Meili Verlag, Schaffh. |
| Feuerthalen | Zonenplan der Gemeinde. Massstab 1 : 7500. 1970. |

## 2. Deutschland

### 2.1. Ungedruckte Quellen und Karten

Wohnbevölkerung der Gemeinden am 31. 12. 1973. Landkreis Konstanz (Stat. Landesamt Baden - Württemberg, Stuttgart).

Wohnbevölkerung der Gemeinden am 31. 12. 1973. Landkreis Waldshut (Stat. Landesamt Baden - Württemberg, Stuttgart).

Fortgeschriebene Wohnbevölkerung im ehemaligen Landkreis Donaueschingen. Stand 30.6.72 (Statistisches Landesamt Baden - Württemberg, Stuttgart).

Karte des ehemaligen Landkreises Donaueschingen. Massstab 1 : 200 000 (Landratsamt Schwarzwald Baar Kreis, Villingen).

Entwurf der Zielplanung der Landesregierung für die Gemeindereform in Baden - Württemberg. Region Schwarzwald Baar Heuberg (Landratsamt Schwarzwald Baar Kreis, Villingen).

### 2.2. Gedruckte Quellen und Karten

Zielplanungskarte der Landesregierung für die Gemeindereform. Massstab 1:350 000.

Verwaltungseinteilung des Landes Baden Württemberg (Karte). Stand: 31. 12. 69 (vor der Landkreisreform).

## Lebenslauf

Am 15. 7. 44 wurde ich, **Max** Rudolf Gerber, als Bürger von Langnau (Kt. Bern) in Steckborn (Kt. Thurgau) geboren. Die Primarschule besuchte ich in Stein a.Rh., Bargen und Trasadingen (1951 - 57); die Realschule in Wilchingen (1957 - 60); die Kantonsschule in Schaffhausen (1960 - 64, Maturitätszeugnis Typus C). Im WS 64/65 und vom SS 66 bis WS 70/71 studierte ich an der Philosophischen Fakultät II der Universität Zürich Geographie. Im Februar 1971 schloss ich das Studium mit dem Diplom als Naturwissenschafter ab. 1968 - 70 war ich als Hilfslehrer für Geographie an der Kantonsschule Schaffhausen tätig; 1971 und 72 an den Töchterschulen I und II in Zürich. 1973 trat ich eine Lehrstelle an der Kantonsschule Wattwil (Kt. St. Gallen) an. Hier wurde ich auf Frühling 1974 zum Hauptlehrer für Geographie und Geschichte gewählt.

Vorlesungen und Uebungen besuchte ich bei folgenden Herren Dozenten:

| | |
|---|---|
| Geographie: | H. Andresen, F. Bachmann, H. Boesch, A. Bögli, G. Furrer, G. Gensler, H. Gutersohn (ETH), W. Guyan, H. Häfner, K. Henking, D. Steiner, M. Schüepp, K. Suter |
| Geologie: | C. Burri, A. Gansser, R. Hantke, R. Trümpy, E. dal Vesco |
| Zoologie: | H. Burla, P. S. Chen, E. Hadorn, H. Hediger, T. Tardent, G. Wagner, V. Ziswiler |
| Botanik: | H. Schaeppi, H. Wanner, R. Zweifel |
| Geschichte: | R. Büchner, W. Ganz, E. Meyer, L. von Muralt, M. Silberschmidt, E. Walter |
| Mathematik: | B. van der Waerden |
| Didaktik, Pädagogik: | H. Graber, H. Inhelder, O. Woodtli |

Die Dissertation entstand unter der Leitung von Herrn Prof. Dr. H. Boesch.